ACADÉMIE NATIONALE DE MUSIQUE.

# L'ENFANT PRODIGUE.

PRIX : 1 FRANC.

PARIS,
BRANDUS et C<sup>ie</sup>, éditeurs.

# L'ENFANT PRODIGUE.

## DÉCORATIONS.

| | |
|---|---|
| 1ᵉʳ Acte | M. DESPLECHIN |
| 2ᵉ Acte | M. SÉCHAN. |
| 3ᵉ Acte | M. CAMBON. |
| 4ᵉ Acte | M. THIERRY. |
| 5ᵉ Acte | M. DESPLECHIN. |

## DANSE.

### ACTE PREMIER.

*Les Juives :* Mesdemoiselles Lebaigle, Vibon, Sara, Mathé, Descamps, Ameline, Motteux, Lescar.
*Enfants :* Cretin 2ᵉ, Nella, Poussin, Zoé Jourdain, Ynemer, Navarre, Maupérin 2ᵉ, Ader.
*Jéroboam :* M. Petit.

### ACTE II.

*Pas de trois :* Mesdemoiselles PLUNKETT, ROBERT, EMAROT.
*Pas des poignards :* Mesdemoiselles Nathan, Rousseau, Danse, Besson, Toutain, Guichard, Savel, Jeunot, Feugère, Heckmann 1ʳᵉ, Bouvier, Jendron.
*Suite :* Mesdemoiselles Villiers, Giraud, Dedieu, Ferena, Cassegrain, Renard, Danfeld, Chambret, Rouvier, Durand, Gallois, Lefèvre.
*Nègres :* MM. François, Dieul 2ᵉ, Friant, Charansonnet.
*Éthiopiens :* MM. Vandris, Frapart, Mazilier, Wiéthoff, Dieul 1ᵉʳ, Herbin, Sciot, Goethals.
*Chefs militaires :* MM. Lefèvre, Pluque, Levavasseur, Estienne, Millot, Darcourt, Fanzago, Bion, Pissarello, Carré, Petit, Fanget.
*Prêtresses :* Mesdemoiselles Descamps, Boyer, Ameline, Sara, Alvarez, Motteux, Maria, Jourdain, H. Lefèvre, Gabrielle, Mignard, Lebaigle, Dehaspe.
*Pages :* Mesdemoiselles Laurent, Dujardin, Vibon, Loyer, Simon, Mathé, Lescar, Folliet.
*Égyptiennes :* Mesdemoiselles Kendelle, Bachelet, Henecart, Cretin, Lévy, Beffort, Jourdan, Revolte, Carabin, Heckmann 2ᵉ, Gaujelin, Deléaunet.
*Courtisans du roi :* MM. Salvatelli, Gredelu, Lévy, Durand, Mirmont, François 1ᵉʳ.
*Petites prêtresses :* Mesdemoiselles Ader, Maupérin 2ᵉ, Guimard, Ynemer, Zoé Jourdain, Navarre, Nella.
*Marchands :* MM. Begrand, Lagloud.
*Le roi :* M. Dauty. — *Hyrogramate :* M. Cornet.

### ACTE III.

*Almées :* Mesdemoiselles Marquet, Astory, Pierron, Legrain, Lacoste, Mathilde.
*Suite des almées :* Mesdemoiselles Nathan, Rousseau, Danse, Besson, Toutain, Guichard, Savel, Jeunot, Feugère, Heckmann 1ʳᵉ, Bouvier, Jeandron.
*Danseuses égyptiennes :* Mesdemoiselles Villiers, Giraud, Dedieu, Férena, Cassegrain, Renard, Danfeld, Chambret, Rouvier, Durand, Gallois, Lefèvre, Kendelle, Bachelet, Hénecart, Cretin 1ʳᵉ, Fᵉ Lévy, Beffort, Jourdan, Révolte, Carabin, Heckmann 2ᵉ, Gaujelin, Deléaunet.
*Prêtres :* MM. Pluque, Levavasseur, Millot, Estienne, Lefèvre, Carré, Pissarello, Bion, Darcourt, Petit, Fanget, Durand.
*Prêtresses :* Mesdemoiselles Alvarez, Gabrielle, Motteux, Dehaspe, H. Lefèvre, Maria Jourdain, Descamps, Boyer, Lebaigle, Sara, Ameline, Mignard.

### ACTE IV.

*L'Ange Tobie :* Mademoiselle Carabin.
*Le songe :* vierges : Mesdemoiselles Dedieu, Lefèvre, Martin, Révolte, Férena.

### ACTE V.

*Femmes juives :* Mesdemoiselles Giraud, Villiers, Férena, Dedieu, Danfeld, Cassegrain, Chambret, Renard, Gallois, Kendelle, Deléaunet, Bachelet.
*Ange :* Mademoiselle Villiers.
*Apothéose :* Mesdemoiselles Zoé Jourdain, Maupérin 2ᵉ, Ynemer, Navarre, Ader, Martin, H. Lefèvre, Folliet, Vibon, Revolte, Mathé, Domange, Goudard, Alvarez, Hénecart, Maria Jourdain, Dujardin, Cretin 2ᵉ, Nella, Poussin, Buisson, Salomon, Simon, Guimard, Loyer, Lévy, Minne, Laurent, Gaujelin, Beffort, Cretin 1ʳᵉ, Rouvier, Durand, Jourdan, Lefèvre, Ameline, Lebaigle, Mignard, Boyer, Descamps, Lescar, Dehaspe, Sara, Motteux, Gabrielle.

---

Paris. — Imprimerie de L. MARTINET, rue Mignon, 2. (Quartier de l'École-de-Médecine.)

# L'ENFANT PRODIGUE

OPÉRA EN CINQ ACTES,

PAROLES DE

## M. EUGÈNE SCRIBE,
De l'Académie Française.

MUSIQUE DE

## D. F. E. AUBER,
MEMBRE DE L'INSTITUT.

DIVERTISSEMENTS DE M. A. SAINT-LÉON,

Mise en scène de M. LEROY,

REPRÉSENTÉ

Pour la première fois à Paris sur le théâtre de l'Opéra,

LE 6 DÉCEMBRE 1850.

---

PARIS.

**BRANDUS ET Cie, ÉDITEURS,**

87, RUE RICHELIEU, ET 40 RUE VIVIENNE.

MICHEL LÉVY FRÈRES, | Madame veuve JONAS,
2, RUE VIVIENNE. | LIBRAIRE DE L'OPÉRA.

# DISTRIBUTION.

| PERSONNAGES. | | ACTEURS. |
|---|---|---|
| RUBEN | chef d'une tribu d'Israël | M. MASSOL. |
| AZAËL | son fils | M. ROGER. |
| JEPHTÈLE | sa nièce | M<sup>lle</sup> DAMERON. |
| AMÉNOPHIS | voyageur | M. FLEURY. |
| NEFTÉ | sa compagne | M<sup>me</sup> LABORDE. |
| BOCCHORIS | desservant du temple d'Isis à Memphis | M. OBIN. |
| CANOPE | Id. | M. KOENIG. |
| MANETHON | Id. | M. GUIGNOT. |
| SÉTHOS | desservant du bœuf Apis | M. FERD.-PREVOST. |
| LIA | danseuse de la tribu des Almées | M<sup>lle</sup> PLUNKETT. |
| NEMROD | conducteur de caravane | M. MOLINIER. |
| UN JEUNE CHAMELIER | | M<sup>lle</sup> PETIT-BRIÈRE. |

JEUNES ALMÉES, compagnes de Lia.
JEUNES GRECS ou ÉGYPTIENS, compagnons d'Aménophis.
CHŒUR de pasteurs et de jeunes filles d'Israël.
CHŒUR de prêtres égyptiens.
CHŒUR d'habitants et habitantes de Memphis.
CHŒUR de voyageurs et de chameliers.

---

## CHANT.

**Coryphées.** — M<sup>mes</sup> Duclos, Printems.
MM. Chazotte, Donzel, Hens, Goyon.

**Premiers dessus.** — M<sup>mes</sup> Montellier, Sèvres, Guillaumot, Proche, Morlot, Garrido, Adam, Berger, Lemarre, Marcus, Albertini, Desgranges, Octavie, Mariette, Jobert, Prély, Leclair, Hirschler, Courtois, Odot, Rémy, Garde, Bertin.

**Seconds dessus.** — M<sup>mes</sup> De Busigne, Baron, Tuffeaut, Jacques, Estivin, Tissier, Villers, Vaillant, Gheringhelli, Colomb, Charpentier, Gouffier, Vigié, Monet, Moreau, Blanche, Bournay.

**Enfants.** — Baylac, Crisy, Berger, Jorris, Beaumont, Guidon, Hirschler, Lejeune, Patou.

**Premiers ténors.** — MM. Schneider, Louvergne, Caraman, Cresson, Desdet, Bresnu, Laissement, Pérez, La Forge, Renard, Picardat, Gousson.

**Seconds ténors.** — MM. Robert, Foy, Soros, Olen, Marin, Laborde, Couteau, Cajani, Dauger.

**Premières basses.** — MM. Noir, Montmaud, Hano, Canaple, Beaucourt, Cazaux, Hennon.

**Secondes basses.** — MM. Georget, Mouret, Beziat, Poppé, Eugène, Boussagol, Marjollet, Barberteguy, Doutreleau, Menoud, Esmery.

# L'ENFANT PRODIGUE.

### LA PARABOLE DE L'ENFANT PRODIGUE.

Un homme avait deux fils ; le plus jeune dit à son père : Mon père, donnez-moi ce qui doit me revenir de votre bien.

Et le père fit le partage de son bien. Peu de jours après, le plus jeune de ces deux enfants, ayant amassé tout ce qu'il avait, s'en alla dans un pays étranger fort éloigné, où il dissipa tout son bien en excès et en débauches.

Après qu'il eut tout dépensé, il survint une grande famine dans ce pays, et il commença de tomber dans l'indigence.

Il s'en alla donc et s'attacha au service d'un des habitants du pays, qui l'envoya à sa maison des champs pour y garder les pourceaux. Et là il eut été bien aise de se nourrir des cosses que les pourceaux mangeaient. Mais personne ne lui en donnait.

Enfin, étant rentré en lui-même, il dit : Combien y a-t-il chez mon père de serviteurs à gages qui ont du pain en abondance, et moi je meurs de faim !

Je partirai !.. j'irai vers mon père !.. je lui dirai : Mon père, j'ai péché contre le ciel et contre vous ! et je ne suis plus digne d'être appelé votre fils ; traitez-moi comme l'un des serviteurs qui sont à vos gages.

Il marcha donc et alla vers son père !

Et du plus loin qu'il l'aperçut, son père, ému de compassion, courut à lui, se jeta à son cou et le couvrit de ses baisers.

Son fils lui dit : Mon père, j'ai péché contre le ciel et contre vous, et je ne suis plus digne d'être appelé votre fils !

Alors le père dit à ses serviteurs : Apportez promptement la plus belle robe et l'en revêtez. Mettez-lui un anneau au doigt et des chaussures aux pieds.

Amenez aussi le veau gras et le tuez, et faisons un festin ! c'est jour de joie ! c'est jour de fête !

Car mon fils était mort, et il est ressuscité ! Mon fils était perdu, et il est retrouvé !

# ACTE PREMIER.

L'habitation de Ruben, dans le canton de Gessen.

## SCÈNE I<sup>re</sup>.

Au lever du rideau, RUBEN, JEPHTÈLE, leurs serviteurs et leur famille sont à genoux et font la prière du soir. Ruben seul est debout et semble les bénir.

### CHOEUR.

O roi des cieux ! ô roi des anges !
Quand commence ou finit le jour,
Vers toi s'élèvent nos louanges
Vers toi s'élève notre amour !
Tu fécondes nos sillons,
Tu protéges nos moissons.
O roi des cieux, etc.

RUBEN, à Jephtèle qui est près de lui.

O fille de mon frère et désormais ma fille...

JEPHTÈLE, regardant autour d'elle.

Il n'est pas de retour !

RUBEN.

Eh ! qui donc ?

JEPHTÈLE.

Azaël !

RUBEN.

N'importe ! préparez le repas de famille !

A part.

Qui peut le retenir loin du toit paternel ?

*AIR.*

Toi qui versas la lumière
Sur Moïse et ses enfants,
Seigneur! Seigneur! notre père,
D'un père vois les tourments!

Quelle vague inquiétude
De mon fils trouble le cœur?
Pourquoi dans la solitude
Erre-t-il, sombre et rêveur?

Toi qui versas la lumière
Sur Moïse et ses enfants,
Seigneur! Seigneur! notre père,
D'un père vois les tourments!

On entend en dehors la cloche des troupeaux qui rentrent.

*CAVATINE.*

Au loin, dans la plaine,
Le soir nous ramène
Et pasteurs joyeux,
Et troupeaux nombreux.
J'entends leur clochette
Que l'écho répète,
Et mon fils, hélas!
Mon fils ne vient pas!

Ce jour qui m'éclaire
Va-t-il donc finir
Sans que son vieux père
Ait pu le bénir!

Au loin, dans la plaine,
Le soir nous ramène
Et pasteurs joyeux,
Et troupeaux nombreux.
J'entends leur clochette
Que l'écho répète,
Et mon fils, hélas!
Mon fils ne vient pas!

Pendant cette cavatine on a dressé une longue table que l'on a couverte de mets.

RUBEN, se retournant vers Jephtèle et ses serviteurs.
Prenons place!

JEPHTÈLE, écoutant vers le fond et vivement.
Attendez! c'est sa voix!

RUBEN, avec joie.
C'est sa voix!

JEPHTÈLE, allant au-devant de lui.
Azaël!

RUBEN.
O mon fils! c'est toi que je revois!

## SCÈNE II.

Les Précédents, AZAEL, puis derrière lui AMÉNOPHIS et NEFTÉ.

RUBEN.
Qui l'avait retardé?

AZAEL.
Vous le voyez, mon père!
Ces voyageurs, à qui j'offris l'abri
De votre tente hospitalière!

RUBEN, aux deux étrangers, leur faisant signe de s'asseoir à table.
Soyez les bienvenus! un hôte est un ami!

AZAEL, qui s'est approché de Jephtèle.
Rassure-toi, ma sœur, ma douce fiancée.
Toi seule, dans l'absence, occupes ma pensée!

JEPHTÈLE, souriant.
Pas d'autres?

AZAEL.
Non vraiment!

Tous se sont assis à la table. Ruben au milieu. Jephtèle et Azaël à l'extrême gauche, Aménophis et Nefté à l'extrême droite.

RUBEN, s'adressant aux deux étrangers.
Vous allez à Memphis?

NEFTÉ.
La reine des cités!

AMÉNOPHIS.
Le plus beau des pays!

RUBEN.
Après le nôtre!

JEPHTÈLE.
Après nos verdoyantes plaines!

RUBEN.
Nos forêts de palmiers!

JEPHTÈLE.
Nos riantes fontaines!

NEFTÉ, souriant.
Ah! quelle erreur!

AZAEL, avec curiosité.
Parlez!

NEFTÉ.

*AIR.*

L'aurore étincelante
De feux et de rubis
Est moins éblouissante
Que la riche Memphis!

Ville éternelle,
Riante et belle,
L'or étincelle
De tout côté!
Là l'œil admire,
Le cœur désire;
Tout y respire
La volupté!

L'aurore étincelante
De feux et de rubis
Est moins éblouissante
Que la riche Memphis!

## ACTE I.

CABALETTE.

Sur ce rivage
L'air est si doux,
Que le plus sage
Dit comme nous :
Pour seul ministre
Prends le plaisir !
Au son du sistre
Il faut jouir !
Ici, vive et touchante,
La cantatrice ardente,
Sur sa lyre brillante
Vous fait rêver les cieux,
Tandis que des Almées
Les danses animées
De vos âmes charmées
Vont attiser les feux !

Sur ce rivage
L'air est si doux,
Que le plus sage
Dit avec nous :
Pour seul ministre
Prends le plaisir !
Au son du sistre
Il faut jouir !

AMÉNOPHIS et NEFTÉ.

Bonheur qui vous enivre,
O volupté des cieux !
C'est là que l'on sait vivre
Et que l'on est heureux !

AZAEL.

O tableau qui m'enivre,
O volupté des cieux !
C'est là que l'on sait vivre,
C'est là qu'on est heureux !

RUBEN, JEPHTÈLE et le chœur.

D'un tableau qui l'enivre,
Ah ! détournons ses yeux !
C'est ici qu'il faut vivre,
Ici qu'on est heureux !

{ENSEMBLE.}

A la fin de cet air, tout le monde s'est levé, et pendant ce temps les serviteurs de Ruben ont enlevé la table.

RUBEN.

Au sein de ses plaisirs, cette ville divine,
Sans nous, pourtant, bientôt connaîtrait la famine,
Car ses fils indolents, par le luxe appauvris,
De nos riches moissons implorent les épis.
Demain Jéroboam et mes chameaux dociles
Leur porteront les fruits de nos plaines fertiles !

*S'adressant à Nefté et à Aménophis.*

Et vous que sous ma tente a conduits l'Éternel,
Allez ! dormez en paix, sur nous veille le ciel !

Des esclaves se sont avancés portant des torches allumées, Ruben leur fait signe d'emmener les étrangers. Tout le monde s'éloigne.

## SCÈNE III.

JEPHTÈLE, RUBEN, AZAEL, *pensif depuis la fin de cette scène et comme préoccupé d'un projet. Ruben, appuyé sur Jephtèle, se retire. Azaël le retient par son manteau.*

AZAEL.

Je voudrais vous parler !... A vous ! en confidence !

RUBEN, *à Jephtèle avec bonté.*

Ma fille, laisse-nous !

JEPHTÈLE, *à part avec inquiétude.*

Quel est donc son dessein ?

AZAEL, *resté seul avec son père, et après un moment de silence et d'hésitation.*

Vous devez envoyer à Memphis, dès demain,
Le vieux Jéroboam !

RUBEN.

Qui soigna ton enfance !

AZAEL.

Je suis jeune et je puis mieux que lui...

RUBEN, *le regardant attentivement.*

Toi, mon fils !

AZAEL.

Servir vos intérêts !

RUBEN, *poussant un cri.*

Ah !

*S'arrêtant et le regardant d'un air sévère.*

Tu veux voir Memphis !

### DUO.

Je t'observais tout à l'heure,
Mes yeux suivaient tes yeux !...
Tu veux fuir cette demeure,
Tu veux cesser d'être heureux !

AZAEL.

Faut-il donc qu'ici je meure !..
Laissez-moi, quittant ces lieux,
Fuir un instant ma demeure,
Pour y rentrer plus heureux !

*Avec exaltation.*

Un rêve ardent, auquel je m'abandonne,
Brûle mon sang, égare ma raison !
Je veux franchir cet étroit horizon
Où le devoir m'enchaîne et m'emprisonne !
Oui, dussé-je changer mon bonheur en tourment,
De vie et d'air nouveau je suis impatient !

RUBEN.

Fatale et coupable folie,
A ta perte tu veux courir !
Vainement ta voix me supplie.
Non, non, je n'y puis consentir !

AZAEL.

Désir dont mon âme est ravie,
Et sans lequel mieux vaut mourir !
Cédez à ma voix qui supplie !
Mon père, laissez-moi partir !

{ENSEMBLE.}

### AZAEL.
Je veux de leurs cités contempler les merveilles !
### RUBEN.
N'est-ce rien que l'éclat et la pompe des cieux ?
### AZAEL.
Mes récits, au retour, charmeront vos oreilles !
### RUBEN.
Et nul charme ne vaut ta présence, à mes yeux !
### AZAEL.
Au jour fixé par vous, pour notre mariage,
Je reviens !
### RUBEN.
Quels dangers menacent ton jeune âge !
### AZAEL.
Partout des voyageurs le plaisir suit les pas.
### RUBEN.
Et là-haut l'Éternel punit les fils ingrats.

*ENSEMBLE.*

### RUBEN.
Fatale et coupable folie,
A ta perte tu veux courir ;
Mais en vain ta voix me supplie :
Non, non, je n'y puis consentir !
### AZAEL.
Désir dont mon âme est ravie,
Et sans lequel mieux vaut mourir !
A genoux, je vous en supplie,
Daignez, mon père, y consentir !

*Azaël est aux pieds de Ruben, qui le repousse.*

## SCÈNE IV.

LES PRÉCÉDENTS ; JEPHTÈLE, soulevant la toile de la tente à gauche et paraissant.

JEPHTÈLE, s'avançant entre eux et s'adressant à Ruben.

Consentez-y, mon père... et laissez-le partir !
A Azaël.

### ROMANCE.
#### 1er COUPLET.

Allez, suivez votre pensée,
N'écoutez que vos goûts !
Votre sœur, votre fiancée,
Priera le ciel pour vous !
Votre retour peut seul nous rendre
La paix et les beaux jours !
Partez !... moi je vais vous attendre
Et vous aimer toujours !

*Elle déroule le voile passé autour de sa taille et le lui présente.*

#### 2e COUPLET.

Gardez ce tissu,... le seul gage
Que j'offre à mon ami !
Qu'il vous préserve de l'orage !
Revenez avec lui !

Et sous la tente paternelle,
Témoin de nos amours,
Le bonheur, comme moi fidèle,
Vous attendra toujours !

### AZAEL.
Je reviendrai bientôt !.. Oui, crois en ma constance !
A toi seule, Jephtèle, et mon cœur et ma foi !

JEPHTÈLE, à Ruben d'un air suppliant.

Vous consentez ?...
Voyant qu'il hésite, elle lui dit à demi-voix et avec douleur :
J'aime mieux son absence
Que sa tristesse, auprès de moi.

RUBEN, avec émotion.

Tu le veux !... tu le veux !... Que le Dieu d'Israël
Veille encore sur lui, loin du toit paternel !

## FINALE.

AZAEL, seul et à part, pendant que Jephtèle s'est rapprochée de Ruben qu'elle console.

O bonheur du voyage !
Beau ciel ! climats nouveaux
Dont je crois voir l'image
Et les riants tableaux !
O liberté chérie !...
Plus de frein, plus de loi !
Le monde est ma patrie,
L'univers est à moi !

### RUBEN.
O funeste voyage !
Pour lui, pour son repos,
Je redoute l'orage
Et les périls nouveaux !
Que ma voix qui supplie,
Seigneur, arrive à toi !
Que l'enfant qui m'oublie
Revienne auprès de moi !

### JEPHTÈLE.
Mon Dieu, dans ce voyage,
Veille sur son repos !
D'une mer sans orage
Qu'il affronte les flots !
Que ma voix qui te prie,
Seigneur, arrive à toi !
Que l'ingrat qui m'oublie
Revienne auprès de moi !

*ENSEMBLE.*

AZAEL, remontant vers le fond de la tente.

Ah ! j'ai vu les lueurs de l'aube blanchissante,
Allons ! allons ! c'est trop longtemps dormir !
Appelant.
Levez-vous, serviteurs !

# ACTE I.

*Plusieurs serviteurs commencent à paraître.*

Du départ qui m'enchante
Il faut vous occuper!... Allons, il faut partir!

JEPHTÈLE, *vivement et avec douleur.*

Déjà!

## SCÈNE V.

Les Précédents, AMÉNOPHIS, NEFTÉ, tous les serviteurs de Ruben.

AMÉNOPHIS et NEFTÉ.

Quel bruit se fait entendre?

RUBEN, *parlant à ses serviteurs.*

Exécutez les ordres de mon fils?

AZAEL, *s'approchant d'Aménophis et de Nefté.*

A mes désirs, mon père, enfin, daigne se rendre,
Avec vous, je pars pour Memphis!

AMÉNOPHIS et NEFTÉ.

Ah! quel heureux voyage,
Comme il vient à propos;
Quand je craignais l'orage
Et des dangers nouveaux,
Doux charme de ma vie,
Toi, mon unique loi,
O fortune chérie,
Tu reviens donc à moi!

CHŒUR des serviteurs de Ruben.

Dieu vous guide en voyage,
Et, pour votre repos,
Revenez au village
Partager nos travaux.
O famille chérie!
Qui reçus notre foi,
Que toute notre vie
S'écoule sous ta loi!

RUBEN.

O funeste voyage!
Pour lui, pour son repos,
Je redoute l'orage
Et les périls nouveaux!
Que ma voix qui supplie,
Seigneur, arrive à toi!
Que l'enfant qui m'oublie
Revienne auprès de moi!

AZAEL.

O bonheur du voyage!
Beau ciel! climats nouveaux
Dont je crois voir l'image
Et les riants tableaux!

*ENSEMBLE.*

O liberté chérie!
Plus de frein, plus de loi,
Le monde est ma patrie,
L'univers est à moi!

JEPHTÈLE.

Mon Dieu! dans ce voyage
Veille sur son repos!
D'une mer sans orage
Qu'il affronte les flots!
Que ma voix qui te prie,
Seigneur, arrive à toi!
Que l'ingrat qui m'oublie
Revienne auprès de moi!

RUBEN, *à Azaël.*

Que richement chargée, une nombreuse escorte,
Sous les ordres, mon fils, au loin s'avance et porte
Une part des trésors pour toi seul amassés!

AZAEL.

O mon père! je vous rends grâce!
C'est trop!

NEFTÉ, *à demi-voix, à Azaël en souriant.*

Un voyageur n'en a jamais assez!

AMÉNOPHIS, *de même.*

Et si d'un tel fardeau, le poids vous embarrasse,
Vous trouverez bientôt, et prête à l'alléger,
L'amitié qui, gaîment, saura le partager!

RUBEN, *s'avançant lentement vers son fils qui s'incline avec respect et tombe à ses genoux.*

De l'honneur suis la loi sévère,
Malheur à qui s'en affranchit!
Pense à ton Dieu! pense à ton père
Qui pleure, hélas!... et te bénit!

AZAEL.

O bonheur du voyage!
Beau ciel! climats nouveaux
Dont je crois voir l'image
Et les riants tableaux!
O liberté chérie!
Plus de frein, plus de loi,
Le monde est ma patrie,
L'univers est à moi!

AMÉNOPHIS et NEFTÉ.

Ah! quel heureux voyage,
Comme il vient à propos;
Quand je craignais l'orage
Et des dangers nouveaux,
Doux charme de ma vie,
Toi, mon unique loi,
O fortune chérie,
Tu reviens donc à moi!

**RUBEN.**
O funeste voyage !
Pour lui, pour son repos,
Je redoute l'orage
Et les périls nouveaux !
Que ma voix qui supplie,
Seigneur, arrive à toi !
Que l'enfant qui m'oublie
Revienne auprès de moi !

**JEPHTÈLE.**
Mon Dieu, dans ce voyage,
Veille sur son repos !
D'une mer sans orage
Qu'il affronte les flots !
Que ma voix qui te prie,
Seigneur, arrive à toi !
Que l'ingrat qui m'oublie
Revienne auprès de moi !

*ENSEMBLE.*

**SERVITEURS DE RUBEN.**
Dieu vous guide en voyage,
Et, pour votre repos,
Revenez au village
Partager nos travaux !
O famille chérie !
Qui reçus notre foi,
Que toute notre vie
S'écoule sous ta loi !

*ENSEMBLE.*

Les rideaux du fond viennent de se relever. A la lueur de l'aurore qui paraît à l'horizon, on voit la caravane qui commence à défiler. Aménophis et Nefté sont prêts à monter sur leurs chameaux. Azaël embrasse son père et tend la main à Jephtèle, qui la presse et se détourne pour cacher ses larmes. La toile tombe.

**FIN DU PREMIER ACTE.**

# ACTE DEUXIÈME.

Une place de Memphis et ses principaux édifices. Au fond les bords du Nil. A droite, le temple d'Isis. A gauche, un pavillon élégant ouvert en face des spectateurs.

## SCÈNE Iʳᵉ.

C'est jour de fête à Memphis. Le peuple circule sur la place; on se livre à des jeux et à des danses. Au fond, des barques élégantes descendent ou remontent le Nil, dont les rives sont bordées de palmiers.

CHOEUR GÉNÉRAL.

Au plaisir seul que l'on se livre,
Loin de nous présages fâcheux !
Ce doux soleil qui nous enivre
N'éclaire que des jours heureux !

AZAEL, NEFTÉ, AMÉNOPHIS, plusieurs jeunes seigneurs et jeunes filles ont paru au fond du théâtre dans une barque richement pavoisée qui descend le Nil. Ils sont étendus mollement sur des tapis. Derrière eux sont des joueurs d'instruments. Ils ont abordé pendant le chœur précédent. Ils débarquent et traversent la place de Memphis au milieu du peuple, qui s'écarte et leur fait passage.

AZAEL, habillé à l'égyptienne et s'appuyant sur le bras de Nefté.

Tu disais vrai, Nefté ! c'est ici qu'on sait vivre !

NEFTÉ.
Et que l'on sait être heureux !

AZAEL.
1ᵉʳ COUPLET.

Doux séjour,
Où chaque jour
Brillent des fleurs, fraîches écloses ;
Où l'on veille pour l'amour,
Où l'on ne dort que sur des roses !
A ta vue,
L'âme émue
Rêve les voluptés des cieux.
Le délire
Qui m'inspire
M'a rendu l'égal des Dieux !

2ᵉ COUPLET.

Que le peuple, en sa terreur,
Contre le Nil gronde et murmure ;
Qu'il accuse sa lenteur,
J'estime peu son onde pure !

A cette onde
Si féconde,
Qui de trésors couvre vos champs,
Je préfère,
En mon verre,
Les flots de ces vins fumants.

Dans le sein des plaisirs, allons ! qu'el'on s'endorme !

AMÉNOPHIS, souriant en montrant Azaël.
Comme dans nos cités la jeunesse se forme !

AZAEL, de même.
Oui, j'ai fait en trois mois des progrès à Memphis !
Bas à Nefté.
Et ton amour, Nefté...

NEFTÉ, de même et montrant Aménophis.
Prenez garde !... mon frère
Nous observe !

AZAEL, gaiement.
Qu'importe ? Il est de mes amis !
Montrant le pavillon à gauche.
Et dans mon pavillon nous passerons, j'espère,
Les fêtes de ce jour !

AMÉNOPHIS et ses compagnons.
Voici le bœuf Apis !

## SCÈNE II.

Marche et cortège au fond du théâtre. On voit passer le dieu Apis, les officiers et les prêtres attachés à sa personne et à son temple. Bocchoris et les desservants d'Isis sortent dans ce moment du temple de la déesse et, du haut des marches, se prosternent devant le bœuf Apis.

MARCHE et CHOEUR du peuple.

O noble et généreux emblème
De nos moissons !
Dieu puissant qui traças toi-même
Tous nos sillons !
Toi par qui l'Égypte féconde
Nourrit ses fils,
Sois notre Dieu, le Dieu du monde,
O bœuf Apis !

SÉTHOS, *desservant d'Apis.*

C'est Osiris lui-même, Osiris en personne, [humain
Qui prit ta forme, afin (¹) d'apprendre au genre
Que tout vient du travail! que la terre se donne (²)
Au laboureur actif qui féconde son sein!

CHOEUR.

O noble et généreux emblème
De nos moissons!
Toi qui traças toi-même
Tous nos sillons!
Toi par qui l'Égypte féconde
Nourrit ses fils,
Sois notre Dieu, le Dieu du monde,
O bœuf Apis!

## SCÈNE III.

*Le cortége du dieu Apis s'est éloigné. Bocchoris sort du temple d'Isis entouré du peuple qui l'interroge.*

BOCCHORIS, *sans leur répondre.*

AIR.

Quel ciel de pourpre et d'azur!
Quel doux climat! quel air pur!
Que tout est bien ici-bas
Quand on sort d'un bon repas!

Prêtre du temple d'Isis,
En ces lieux tout m'est soumis!
Et quel bon peuple... Approchez mes amis.

Quel ciel de pourpre et d'azur!
Quel doux climat! quel air pur!
Que tout est bien ici-bas
Quand on sort d'un bon repas!

Le peuple montre à Bocchoris, avec crainte, les eaux du Nil, qui restent dans leur lit.

Rassurez-vous, d'Isis vous êtes les enfants,
Elle a reçu par moi vos vœux et vos présents!
Pour stimuler du Nil les flots retardataires,
Que l'on offre aujourd'hui, vers le soleil couchant,
Un pompeux sacrifice au fleuve!... et sur-le-champ
Vous verrez s'épancher ses ondes salutaires!
Allez!!

CHOEUR.

Honneur au sage Bocchoris!
L'élu, le favori d'Isis!

BOCCHORIS, *pendant que le peuple remonte vers le fond du théâtre, s'approche de Nefté.*

O charmante Nefté, si pieuse jadis,
Nous ne vous voyons plus aux mystères d'Isis!
Vous y rendre en secret vous est pourtant facile!

A demi-voix.

Grâce à cet escalier, habilement masqué,..
Ce passage inconnu que je vous indiquai.

(¹) Le bœuf Apis est une des incarnations d'Osiris, qui présidait à l'agriculture. Telle est probablement, et sans qu'on se doute de sa haute antiquité, l'origine de la cérémonie qu'on célèbre encore de nos jours, en carnaval : LA PROMENADE DU BŒUF GRAS.

(²) Isis représentait la terre.

NEFTÉ, *froidement.*

Pour le culte d'Isis, aujourd'hui moins docile,
J'y renonce!

BOCCHORIS.

Vraiment! et depuis quand cela?

NEFTÉ.

Depuis que l'on admet, dit-on, à ses mystères
Les danseuses du Delta!

BOCCHORIS.

Ce n'est pas, je l'atteste!

NEFTÉ, *d'un air railleur.*

Et la belle Lia!...
Aux regards langoureux, aux danses si légères!

## SCÈNE IV.

LES PRÉCÉDENTS, LIA et la troupe des Almées qu'elle conduit. Elles s'élancent sur le théâtre aux sons d'une musique vive et entraînante. AZAËL, AMÉNOPHIS, ses compagnons et le peuple font cercle autour d'elles.

NEFTÉ, *parlant toujours à Bocchoris et lui montrant Lia.*

Et tenez, Bocchoris,... tenez, regardez-la!

A voix basse.

Vous l'avez, pour ce soir, invitée à vos fêtes!

*Geste de Bocchoris qui veut nier.*

C'est une de ses sœurs qui me l'a dit.

*A Bocchoris, qui reste confondu.*

Eh bien!

BOCCHORIS, *à part.*

Grand Osiris!... c'est effrayant combien
Les danseuses sont indiscrètes!

Il s'approche de Lia qui danse, et saisissant un moment où elle se repose, il lui dit à voix basse :

On vous attend toujours! à ce soir! à minuit!

Lia fait signe qu'elle sera exacte au rendez-vous.

Vous et vos compagnes!

*Même geste.*

C'est dit!

Bocchoris s'éloigne en la regardant toujours et rentre dans le temple. Lia se remet à danser, en jetant de temps en temps un coup d'œil sur Azaël, qui, comme fasciné par elle, suit tous ses mouvements. Aménophis et ses amis entrent dans le pavillon à gauche qui appartient à Azaël, et où une table de jeu est dressée ; mais Azaël ne s'aperçoit pas de leur départ et reste à regarder danser Lia. Des marchands offrent à Azaël des étoffes et des bijoux. Il achète et prodigue l'or sans compter ; et pendant que Nefté choisit de nouvelles parures, Azaël s'élance vers Lia d'un air passionné :

AZAËL.

Toi, la plus belle, accepte cette chaîne!

Lia la regarde en souriant et la lui rend ; elle n'en veut pas. Elle ne veut rien que le plaisir d'être trouvée belle et d'être aimée. Azaël insiste. Eh bien, semble-t-elle lui dire, en lui montrant l'écharpe de Jephtèle qui lui sert de ceinture : JE NE VEUX DE TOI QUE CE GAGE. Azaël, interdit, lui répond en hésitant :

Ce voile!... Non, Lia, je ne puis te l'offrir!
C'est un gage d'amour!

## ACTE II.

NEFTÉ, qui, depuis quelques instants s'est approchée d'eux, s'écrie en saisissant le voile :

Et loin qu'elle l'obtienne,
C'est à moi désormais qu'il doit appartenir !

Mais Lia, qui vient de se glisser derrière Nefté, lui enlève à son tour le voile, le jette à une de ses compagnes qui le repasse à une autre ; le voile voltige ainsi de mains en mains, et revient enfin dans celles de Lia. Nefté, furieuse, est rentrée dans le pavillon, et Azaël tombant aux pieds de Lia qui agite le voile au-dessus de sa tête :

AZAEL, avec égarement.
Dis toi-même à quel prix tu prétends me le rendre ?
Mais rends-le moi ! Réponds ! Réponds !

Lia sourit sans lui répondre, fait voltiger le voile et s'enfuit en regardant Azaël, qui pousse un cri de joie.

Ah !... viens le prendre !
A-t-elle dit... Courons !

Pendant ce temps, Nefté, qui est sortie du pavillon et qui a remonté le théâtre, se place devant Azaël et l'arrête.

NEFTÉ, lui montrant le pavillon.
Quand vos amis joyeux
Vous attendent chez vous pour commencer leurs [jeux!

Aménophis et ses amis se lèvent et l'appellent. Azaël rentre dans le pavillon. Les danses recommencent ; continuation du ballet. Pendant ce temps, et d'un air insouciant, Azaël s'est assis à la table. Aménophis, derrière lequel Nefté se tient debout, joue contre Azaël. Le jeu s'anime et s'échauffe. Azaël, distrait, fait à peine attention au jeu et regarde toujours si Lia ne revient pas. Il perd des sommes considérables, et enfin, commençant à s'impatienter de sa mauvaise fortune, il double, il triple son jeu, et tient tête à tous les parieurs. Les dés roulent, et pendant ce temps les danses continuent toujours. Azaël n'a pas vu Lia, qui vient de revenir. Elle entre dans le pavillon, se glisse derrière le siége d'Azaël, examine quelques instants le jeu ; puis, arrêtant de sa main les dés dont se sert Aménophis, elle s'en empare et montre à Azaël qu'ils sont plombés. Tout le monde se lève et quitte le pavillon en désordre.

AZAEL, descendant furieux sur le théâtre.
Oui, les dés étaient faux !.. Trompé, trompé par eux !

**MORCEAU D'ENSEMBLE.**

Infâme et lâche ruse !
Amitié sans honneur !
De ce cœur qu'on abuse
Redoutez la fureur !
A Lia, qu'il prend par la main.
Et toi, ma seule amie,
Viens !... je rends grâce aux dieux,
Qui sur leur perfidie
Par toi m'ouvrent les yeux !

NEFTÉ, AMÉNOPHIS et ses amis.
Quoi ! d'une telle ruse
Soupçonner notre cœur !
C'est vous que l'on abuse,
Craignez notre fureur !
Pour une autre il oublie
Jusqu'aux plus tendres nœuds !
Et tant de perfidie
Nous ouvre enfin les yeux !

NEFTÉ, allant à Aménophis d'un air indigné.
T'accuser !... toi, mon frère !.. et ton nom révéré !..

A ce mot de frère, Lia se met à rire en haussant les épaules, et répond à Azaël qui l'interroge : Lui ! son FRÈRE !... il ne l'a jamais été !

AZAEL.
Quoi !... ce n'est pas son frère !... et ce titre sacré
Entre eux n'existait pas !

Lia répond par ses gestes : Jamais ! Jamais ! et portant la main à son cœur, elle semble dire : L'AMOUR SEUL LES UNIT :

AZAEL, à Nefté.
Il est donc vrai, perfide !...
Va-t-en ! ne tente point la fureur qui me guide !...

NEFTÉ, se retournant vers Lia qu'elle menace.
Lia !... je me vengerai !

Lia recule en riant et en dansant.

NEFTÉ, la menaçant toujours.
De toi !... je me vengerai !

Lia, sans lui répondre, fait une double pirouette, et va rejoindre ses compagnes qui viennent de s'élancer entre Aménophis, ses compagnons et Azaël, et les ont séparés. Lia et les Almées viennent se remparer du milieu du théâtre, et se remettent à danser pendant qu'Aménophis et Nefté à gauche, et qu'Azaël à droite, reprennent l'ensemble précédent.

NEFTÉ, AMÉNOPHIS et ses compagnons.
Quoi ! d'une telle ruse
Soupçonner notre cœur !
C'est vous que l'on abuse,
Craignez notre fureur !
Pour une autre il oublie
Jusqu'aux plus tendres nœuds !
Et tant de perfidie
Nous ouvre enfin les yeux !
Lia et les Almées au milieu du théâtre et dansant.

AZAEL, furieux.
Infâme et lâche ruse !
Amitié sans honneur !
De ce cœur qu'on abuse,
Redoutez la fureur !
A Lia, qu'il prend par la main.
Et toi, ma seule amie,
Viens !... je rends grâce aux dieux,
Qui sur leur perfidie
Par toi m'ouvrent les yeux !

} ENSEMBLE.

Nefté, en s'en allant, menace encore Lia, qui, pour se soustraire à sa poursuite, se réfugie dans le pavillon à gauche, et tombe sur un fauteuil où elle se renverse en riant aux éclats. Nefté et Aménophis disparaissent par le fond. Différents groupes se forment à droite, et s'assoient près du temple en causant ; d'autres se tiennent debout au milieu du théâtre. Azaël, pensif, rentre dans le pavillon. Il aperçoit Lia qui se lève et veut fuir. Il l'arrête et tombe à ses pieds.

## SCÈNE V.

*Il paraît dans ce moment un vieillard appuyé sur une jeune fille et s'avançant lentement au milieu de la place. Tous deux portent le costume des Hébreux.*

1ᵉʳ GROUPE, *assis à droite.*

Quels sont ces étrangers qui s'offrent à nos yeux ?

UN HABITANT DE MEMPHIS.

Si j'en crois leur costume, ils sortent tous les deux
De ces tribus, jadis en Égypte captives...
Qui, depuis, de l'Euphrate ont envahi les rives !

RUBEN, *s'approchant du groupe à droite.*

Il est un enfant d'Israël
Dont je pleure la longue absence ;
Son nom, seigneur, est Azaël !
Est-il dans cette ville immense ?
Le savez-vous ?

PREMIER GROUPE.

Non, non !..

*Brusquement.*

Que lui veux-tu ?

RUBEN, *levant les mains au ciel avec un accent de douleur.*

C'est mon fils ! et je l'ai perdu !

JEPHTÈLE, *au vieillard, et voulant l'entraîner.*

De leur ton méprisant, c'est trop souffrir l'outrage !
Éloignons-nous !

RUBEN.

Non, non, j'ai du courage !

*S'adressant au second groupe qui est debout au milieu du théâtre. Même chant.*

A Memphis je suis accouru,
Cherchant un noble et beau jeune homme !
Seigneurs, il est de ma tribu,
Et c'est Azaël qu'on le nomme ?
L'avez-vous vu ?

LE GROUPE.

Non, non ! Que lui veux-tu ?

RUBEN, *avec une expression plus douloureuse encore.*

C'est mon fils ! et je l'ai perdu !

*Pendant le couplet précédent, Azaël est descendu du pavillon avec Lia ; mais à la vue du vieillard qui est à quelques pas de lui, il s'arrête, détourne la tête, et s'enveloppe dans son riche manteau de pourpre pour ne pas être reconnu.*

AZAEL, *à part.*

Mon père ! ah ! je me sens frémir !
De honte, s'il me voit, je n'ai plus qu'à mourir !

*Il fait un pas pour s'éloigner. Ruben, qui vient de s'avancer vers lui, le retient timidement par son manteau. Même chant.*

RUBEN.

Pour mon fils, ô noble seigneur,
Mon Azaël, je vous implore !
Venez en aide à ma douleur !
Savez-vous s'il existe encore ?

AZAEL, *avec émotion et détournant la tête.*

Non !.. il n'existe plus !

RUBEN, *sanglotant.*

O regret superflu !
Mon fils ! mon fils ! je t'ai perdu !

*Ruben a caché sa tête entre ses mains et fait quelques pas pour s'éloigner. En entendant ses sanglots, Azaël ne peut retenir son émotion, il se retourne et se trouve en face de Jephtèle qui suivait Ruben.*

JEPHTÈLE.

Dieu ! que vois-je ?

AZAEL, *à voix basse et lui saisissant la main.*

Tais-toi, tais-toi devant mon père !
Ou j'expire à tes yeux !

JEPHTÈLE, *de même et toute tremblante.*

Je me tairai, mon frère !
Mais à moi seule, au moins, tu peux tout confier !

AZAEL, *de même et rapidement.*

Tantôt, au bord du Nil et sous le grand palmier,
Voisin du temple !

JEPHTÈLE.

Adieu !.. j'irai t'attendre !

*Elle rejoint Ruben, qui chancelle et s'éloigne avec lui par la droite du spectateur.*

AZAEL, *se dirigeant vers le temple.*

Oui, fuyons à jamais celle qui m'abusa !

NEFTÉ, *paraissant au haut des marches du temple.*

Je ne suis pas la seule !... Et si tu veux m'entendre,
Viens ! on te le prouvera !

*Nefté entraîne Azaël dans l'intérieur du temple au moment où paraît le cortège se dirigeant au bord du fleuve pour le sacrifice. Le peuple, les Almées se précipitent sur le théâtre en dansant et en répétant le chant de la première scène.*

O céleste Isis,
Aimable déesse !
O céleste Isis,
Fille de Memphis !
O toi jadis
Tendre maîtresse
D'Osiris,
Quitte les cieux
Et préside à nos jeux
Joyeux !
Reine des eaux,
Tu te balances
Sur les flots ;
Reine des fleurs,
Tu nuances
Leurs couleurs !
O céleste Isis, etc.

FIN DU DEUXIÈME ACTE.

# ACTE TROISIÈME.

L'endroit le plus reculé du temple. Le sanctuaire réservé aux mystères d'Isis. Un immense escalier s'élève, sur les marches duquel sont groupés les initiés aux mystères.

## SCÈNE I<sup>re</sup>.

BOCCHORIS, MANETHON, CANOPE, sont assis couronnés de fleurs à une table richement servie. LIA et plusieurs de ses compagnes sont à leurs côtés. D'autres danseuses leur versent à boire ; d'autres dansent autour de la table et forment différents groupes.

CHOEUR DES HOMMES.

A nous les plaisirs des dieux !
A nous les festins joyeux !
Et sablons les vins exquis
Que devait boire Osiris !

Pour ce bon peuple à genoux,
O mes amis, buvons tous
Et laissons-les prier pour nous !

A nous les festins joyeux !
A nous les plaisirs des dieux !
Et buvons les vins exquis
Réservés pour Osiris !

Lia quitte la table pour danser, et comme accablée par la fatigue et l'ivresse, elle chancelle et tombe sur le canapé à droite.

CHOEUR D'ALMÉES, entourant Lia.

O beauté piquante !
Divine bacchante !
La coupe enivrante
A fermé tes yeux !
Dors ! et sur la rose
Fraîchement éclose
Doucement repose
Ton front gracieux !

BOCCHORIS, déjà étourdi par le vin.

Mystères ineffables
Du vulgaire incompris !
En secret, sur nos tables,
Mangeons le bœuf Apis !

CHOEUR.

O beauté piquante !
Divine bacchante !
La coupe enivrante
A fermé tes yeux !
Dors ! et sur la rose
Fraîchement éclose
Doucement repose
Ton front gracieux !

A la fin de ce morceau, presque tous les convives, accablés par la fatigue ou l'ivresse, ont fermé les yeux ou sont hors d'état de voir et d'entendre.

## SCÈNE II.

LES PRÉCÉDENTS. Une porte, inaperçue dans la muraille à gauche, glisse et laisse voir une entrée secrète. Apparait NEFTÉ ; elle est suivie par AZAEL.

NEFTÉ.

Sans crainte, suivez-moi ! De cet obscur passage
J'ai seule le secret.
    Elle va le refermer.
                    Des prêtres de Memphis,
C'est l'asile sacré !

BOCCHORIS, à demi-voix et sans lever la tête.

Mangeons le bœuf Apis !

NEFTÉ, bas à Azaël.

Grâce aux libations d'usage,
Le sommeil a courbé leurs fronts appesantis ;
Mais, silence ! ou sinon, pour prix de votre audace,
La prison éternelle ou la mort vous menace !

BOCCHORIS, toujours à part lui.

Mangeons le bœuf Apis !

Pendant ce temps, Nefté s'est approchée du divan où repose Lia. Elle la montre du doigt à Azaël, qui s'avance avec précaution.

NEFTÉ, toujours à voix basse.

Eh bien !... vous ai-je fait un rapport infidèle ?
    Elle prend l'écharpe sur laquelle Lia reposait sa tête ; elle s'en empare en disant à Azaël d'un air de triomphe :
Et doutez-vous encor ?

AZAEL, furieux.

                C'est elle ! Oui, oui, c'est elle !
    A haute voix et ne pouvant se contenir.
Ah ! tant de perfidie égare ma raison !
Et pour un tel forfait, il n'est point de pardon !

NEFTÉ, voulant vainement le faire taire.
Imprudent !
BOCCHORIS et les autres desservants s'éveillant à ce bruit.
Dieu ! quel bruit !
*Se levant sur ses pieds et se frottant les yeux.*
Eh ! que vois-je ? un profane !
Un profane en ces lieux ? Amis, éveillez-vous !
*Tous les convives se réveillent en tumulte. Lia et les Almées, chantantes et dansantes, disparaissent derrière les rideaux du fond qui se referment et les cachent.*
MANETHON.
Notre temple est souillé !
BOCCHORIS, *montrant Azaël.*
La loi qui le condamne
Veut sa mort !
NEFTÉ, *se jetant au-devant de Bocchoris.*
Arrêtez !
BOCCHORIS, *la regardant avec surprise.*
Vous, Nefté !... parmi nous
Avec cet étranger ?
NEFTÉ.
Qu'à grand tort on insulte ;
Il veut, grâce à mes soins, adorant votre culte,
Aux mystères d'Isis se faire initier !
AZAEL, *bas à Nefté.*
Adorer les faux dieux !... et leur sacrifier !
NEFTÉ, *de même.*
Aimez-vous mieux mourir ?
BOCCHORIS, *bas à Canope et à plusieurs desservants qui exécutent ses ordres.*
Vous, faites disparaître
De ce festin sacré les terrestres débris !
*A Manethon, lui montrant Azaël.*
Vous !... qu'on l'emmène !
*Haut.*
Isis, qu'il aspire à connaître,
D'épreuves aime à s'entourer ;
Par le recueillement, il faut l'y préparer.
*On entraîne Azaël par la gauche; Nefté disparaît par la porte secrète. On entend au fond et en dehors un grand bruit.*
Dieu ! quel bruit vient nous troubler !

## SCÈNE III.

BOCCHORIS, CANOPE.

CANOPE.
De Memphis, les frayeurs renaissent :
Au lieu de s'élever, les eaux du Nil s'abaissent.
BOCCHORIS, *avec impatience.*
Que veut-on que j'y fasse ?
CANOPE.
En ce pressant péril,
Le peuple invoque ici la coutume ordinaire (¹),

(¹) Historiens arabes.
Voltaire, *Philosophie de l'histoire.*
*Lettres de Savary sur l'Égypte.*

Et veut qu'une victime, à nos bords étrangère,
Par vous soit à l'instant jetée aux flots du Nil !
BOCCHORIS, *avec bonhomie.*
J'y consens volontiers ! Qu'Isis, qui nous contemple,
Désigne la victime !
CANOPE.
On l'amène à vos coups.

## SCÈNE IV.

LES PRÉCÉDENTS. Le peuple se précipitant dans le temple, entraînant avec lui JEPHTÈLE.

CANOPE, *bas à Bocchoris.*
Non loin du grand palmier, à la porte du temple,
Cette Juive semblait s'offrir à leur courroux.
CHOEUR, *entourant et menaçant Jephtèle effrayée.*
Oui, c'est Isis qui nous l'envoie
Pour calmer le fleuve irrité.
A l'instant livrez-lui sa proie :
Dieu le veut ! l'arrêt est dicté !
BOCCHORIS, *à part, regardant Jephtèle.*
Qu'elle est jolie ! et quel dommage
De livrer au Nil tant d'attraits !
*Haut.*
A nos dieux infernaux, je dois, selon l'usage,
Consacrer la victime !... et nous verrons après.
Laissez-nous !

BOCCHORIS.
Ah ! j'éprouve une douce joie
A l'aspect de tant de beautés !
*Regardant Jephtèle.*
Non, tu ne seras pas la proie
Du peuple et du fleuve irrités !
CHOEUR.
Oui, c'est Isis qui nous l'envoie
Pour calmer le fleuve irrité.
A l'instant livrez-lui sa proie :
Dieu le veut ! l'arrêt est dicté !
JEPHTÈLE, *priant.*
O mon Dieu ! protège-moi
Contre l'audace de l'impie !
Je n'ai plus d'espoir qu'en toi.
Dieu d'Israël, veille sur moi !
Défends-moi de l'infamie !
Et s'il faut que la vie
En ce jour me soit ravie,
Que je meure en suivant ta loi !

} ENSEMBLE.

*Ils sortent tous.*

## SCÈNE V.

BOCCHORIS, JEPHTÈLE.
DUO.
JEPHTÈLE.
D'où viennent ces cris de vengeance ?
Et quel est donc mon crime, hélas !

## ACTE III.

BOCCHORIS.
Ce peuple, aveugle en sa démence,
Me vient demander ton trépas !

JEPHTÈLE.
O toi, qui ne saurais m'entendre,
O toi, que je ne dois plus voir,
Tu n'es pas là pour me défendre !
C'en est fait, pour moi, plus d'espoir !

BOCCHORIS.
Rassure-toi, daigne m'entendre.
Que ton cœur renaisse à l'espoir !
Oui ! oui ! dans un âge aussi tendre,
Te protéger est mon devoir !

BOCCHORIS.
Ne crains rien, charmante étrangère,
Je commande en ces lieux sacrés.

JEPHTÈLE.
Séparée, hélas ! de mon père,
C'est vous qui le remplacerez !

BOCCHORIS, avec dépit.
Qui ? moi ! pas tout à fait ; mais à ces furieux
Nous pouvons te soustraire !

JEPHTÈLE, avec joie.
O ciel !

BOCCHORIS.
Si tu le veux !

JEPHTÈLE, étonnée.
Si je le veux !

BOCCHORIS.
Si tu le veux !

JEPHTÈLE, vivement.
Parlez ! parlez !

BOCCHORIS.
Ce peuple terrible
Demande ta mort ;
Isis, inflexible,
A dicté ton sort.
Mais sois moins sévère...
Soudain, en ces lieux,
Isis va se taire
Et fermer les yeux !

JEPHTÈLE, avec indignation.
O ministre impie !
O cœur sans remord !
Gardez l'infamie,
J'aime mieux la mort !
Qu'ici la tempête
Frappe l'innocent,
Et que sur ta tête
Retombe mon sang !

BOCCHORIS, souriant, en s'approchant d'elle.
Vertueuse colère
Qui double ses appas !

JEPHTÈLE, l'éloignant de la main.
Arrière, traître ! arrière !
Et ne m'approche pas !

BOCCHORIS.
Isis, à mes prières,
Sauvera tes attraits !

JEPHTÈLE.
Et le Dieu de mes pères
Punira tes forfaits !

JEPHTÈLE.
O ministre impie,
O cœur sans remord,
Gardez l'infamie,
J'aime mieux la mort !
Qu'ici la tempête
Frappe l'innocent,
Et que sur ta tête
Retombe mon sang !

BOCCHORIS.
D'une âme en furie
Calmez le transport !
Pourquoi, si jolie,
Courir à la mort ?
Ton bonheur s'apprête :
L'amour qui t'attend
Va changer en fête
Ce jour de tourment !

## SCÈNE VI.

Les Précédents ; AZAEL, couvert d'un long voile et conduit par CANOPE et MANETHON. Ils entrent par la porte à gauche.

BOCCHORIS, au bruit qu'ils font en entrant, s'avançant vers eux avec colère.

Qui donc m'ose troubler ? j'entends qu'on le punisse !
Se retournant et apercevant Azaël.
Ce jeune initié !
Bas à Canope, montrant Jephtèle qui, à moitié évanouie, vient de tomber sur un fauteuil à droite.
Quel contre-temps, grand Dieu !
Je vous suis et reviens ! Que par nous il subisse
La redoutable épreuve et de l'onde et du feu !

### QUINTETTE.

BOCCHORIS, à Azaël, immobile et voilé.
Quoi qu'ici vous puissiez entendre,
De toute émotion, vous devez vous défendre !

MANETHON et CANOPE, s'adressant de l'autre côté à Azaël.
Vous devez conserver, calme et silencieux,
Ce voile qui couvre vos yeux !

BOCCHORIS, à Azaël.
Ou la gloire ou la mort sera ta récompense !

MANETHON et CANOPE.
Il le sait !

BOCCHORIS.
Marchons donc !... que l'épreuve commence !
*Tous trois emmènent Azaël par le côté droit du théâtre.*
JEPHTÈLE, *sur le devant du théâtre, à droite, et priant.*
O vallon de Gessen ! Ô champs aimés des cieux !
O mon pays ! recevez mes adieux !
*Azaël, qui avait disparu, entr'ouvre en ce moment les rideaux du fond, derrière lesquels commençait déjà l'épreuve du feu.*
AZAEL.
O puissance d'Isis !... je croirais, ô merveille,
Que la voix de Jephtèle a frappé mon oreille !
JEPHTÈLE, *priant toujours.*
O vallon de Gessen ! Ô champs aimés des cieux !
O rives du Jourdain, recevez mes adieux !
AZAEL, *redescendant quelques pas.*

{ Quel trouble en moi s'élève,
Et vient glacer mes sens ?
Non, ce n'est point un rêve,
C'est elle que j'entends !
BOCCHORIS, MANETHON, CANOPE.
Quel trouble en lui s'élève,
Il hésite... tremblant.
Allons ! allons ! achève
L'épreuve qui t'attend !
JEPHTÈLE.
J'étais ta fiancée
Et t'ai gardé ma foi,
Mon Azaël ! à toi
Ma dernière pensée ! } ENSEMBLE.

MANETHON et CANOPE, *à Azaël, qui vient de redescendre encore quelques pas.*
Hésites-tu, déjà ? Marchons !
AZAEL, *leur résistant.*
Non, non, écoutons !
AZAEL.

{ Quel trouble en moi s'élève
Et vient glacer mes sens ?
Non, ce n'est pas un rêve,
C'est elle que j'entends !
Je frémis, malgré moi,
De tendresse et d'effroi !
JEPHTÈLE, *priant toujours à droite du théâtre.*
Quand vient la mort menaçante,
Pourquoi suis-je loin de toi ?
Viens défendre ton amante !
Azaël, protége-moi !
Défends-moi ! défends-moi !
LES TROIS PRÊTRES.
Quel trouble en lui s'élève ?
Allons ! voici l'instant !
Voici la route !... Achève !
C'est Isis qui t'attend !
D'avance, je le vois,
Son cœur tremble d'effroi ! } ENSEMBLE.

AZAEL, *s'élançant et arrachant son voile.*
Je n'y tiens plus !... tombe sur moi le ciel,
Je la verrai !
JEPHTÈLE, *poussant un cri et courant dans ses bras.*
C'est Azaël !

{ JEPHTÈLE.
Le ciel daigne m'entendre !
Mon frère, mon vengeur,
Tu viens pour me défendre
Contre cet imposteur !
Auprès de toi, que j'aime,
Méprisant leur courroux,
De la mort elle-même
Je peux braver les coups !
AZAEL.
Le ciel vient de m'entendre.
Mon amie et ma sœur,
J'accours pour te défendre
Contre cet imposteur !
Oui, de leur anathème
Je méprise les coups !
Et d'Isis elle-même
Je brave le courroux !
MANETHON, BOCCHORIS, CANOPE.
Dieu ! qui viens de l'entendre,
Que ta juste fureur
Tonne et réduise en cendre
L'impur blasphémateur !
Anathème ! anathème !
Et pour nous venger tous,
Osiris, fais toi-même
Éclater ton courroux ! } ENSEMBLE.

BOCCHORIS.
Osiris punira ton crime !
AZAEL.
Mon Dieu, plus que le tien, est redoutable et fort !
BOCCHORIS, *montrant Jephtèle.*
Le peuple impatient demande sa victime !
*Aux deux autres desservants.*
Qu'on la saisisse !
*Manethon et Canope font un pas vers Jephtèle.*
AZAEL, *saisissant une hache de sacrifice qui est sur une table.*
Eh bien, immolez-moi d'abord !
AZAEL, *montrant Jephtèle.*

{ Dans mes bras, viens la prendre,
Elle est là sur mon cœur,
Et je saurai défendre
Mon amie et ma sœur !
Oui, de leur anathème
Je méprise les coups !
Et d'Isis elle-même
Je brave le courroux ! } ENSEMBLE.

## ACTE III.

JEPHTÈLE.
Le ciel vient de me rendre
Mon ami, mon vengeur ;
Il saura me défendre
Contre cet imposteur !
Auprès de toi, que j'aime,
Méprisant leur courroux,
De la mort elle-même
Je peux braver les coups !

BOCCHORIS, MANETHON, CANOPE.
Dieu ! qui viens de l'entendre,
Que ta juste fureur
Tonne et réduise en cendre
L'impur blasphémateur !
Anathème ! anathème !
Et pour nous venger tous,
Osiris, fais toi-même
Éclater ton courroux !

ENSEMBLE.

*A la fin de ce morceau, Azaël lève la hache sur Bocchoris, Manethon et Canope, qui tous les trois s'enfuient effrayés.*

### SCÈNE VII.
AZAEL, JEPHTÈLE.

AZAEL.
De ce temple maudit, éloignons-nous !

JEPHTÈLE.
Comment ?

AZAEL.
Par une route au vulgaire inconnue.
*Il cherche dans la muraille à gauche le panneau secret par lequel il est entré et ne peut le retrouver.*
Impossible !... De cette issue
J'ignore le secret !
*Écoutant.*
Ils viennent !... O tourment !
Que je meure, ô mon Dieu ! mais protégez Jephtèle !

*On entend du côté de la porte à droite un bruit joyeux d'instruments.*

JEPHTÈLE, *étonnée, écoutant aussi.*
Quoi ! des danses ! des chants !

### SCÈNE VIII.
LES PRÉCÉDENTS ; LIA et ses compagnes couronnées de roses et entrant en dansant.

AZAEL, *l'apercevant.*
C'est Lia, l'infidèle !
*Étonnement de Lia en apercevant Azaël. Elle court à lui en riant et lui demande par ses gestes :* QUE FAIS-TU EN CES LIEUX ? *et montrant Jephtèle :* QUELLE EST CETTE JEUNE FILLE ?

AZAEL, *vivement.*
Ils veulent l'immoler !.. c'est ma sœur ! sauvez-la,
Et je pardonne tout !

*Lia indique le passage à droite à ses compagnes.*

UNE ALMÉE, *chantante.*
Par ce secret passage
Qui nous est réservé...
*Montrant Jephtèle.*
Nous pouvons à leur rage
La dérober !

*Oui, dit Lia, par ses gestes.* LES PRÊTRES ARMÉS QUI VEILLENT A LA PORTE DU SANCTUAIRE LA PRENDRONT POUR UNE ALMÉE. *On place une couronne de roses sur sa tête, un voile, des bracelets ; on lui met un théorbe à la main. Jephtèle et même Azaël hésitent un instant, et veulent résister. Lia s'impatiente et veut qu'on la laisse faire.*

AZAEL.
Merci ! merci, Lia !
*A Jephtèle.*
Va ! pars avec mon père !

JEPHTÈLE, *vivement.*
Et sans toi ?

AZAEL.
Qu'il m'oublie !

Toi, de même !
*Écoutant vers le fond.*
Fuyez ! c'est le peuple en furie !

*Lia et les Almées entourent et entraînent en dansant Jephtèle, qui résiste.*

JEPHTÈLE, *montrant Azaël.*
Partir sans lui !.. non, non !

*Les Almées l'entraînent malgré elle. Elles disparaissent par la porte à droite.*

AZAEL, *seul un instant.*
Attendons sans effroi !
Je ne crains plus à présent que pour moi !

### SCÈNE IX.
LES PRÉCÉDENTS, BOCCHORIS, MANETHON, CANOPE ET TOUT LE PEUPLE.

CHOEUR.
Livrez-nous l'Israélite,
L'étrangère qu'Osiris
A condamnée et proscrite
Pour le salut de Memphis !

AZAEL, *regardant Bocchoris avec mépris.*
L'étrangère ! l'Israélite !
Je l'ai soustraite à ta fureur !

TOUS.

Eh ! de quel droit ?

AZAEL.

C'était ma sœur !

BOCCHORIS.

Sa sœur ! a-t-il dit ?

AZAEL, avec force.

Oui, ma sœur !

BOCCHORIS, au peuple.

C'est donc un étranger comme elle !
Et le courroux des dieux doit retomber sur lui !

CHOEUR.

Au Nil ! au Nil ! au Nil ! Anathème sur lui !

AZAEL.

O justice divine ! ô mon père ! ô Jephtèle !
Soyez tous satisfaits ! le coupable est puni !

CHOEUR.

Au Nil ! au Nil ! au Nil ! Anathème sur lui !

CHOEUR, final.

C'est l'impie et le profane !
C'est l'étranger qu'Osiris
Nous désigne et qu'il condamne
Pour le salut de Memphis !

*Bocchoris désigne du doigt Azaël à la multitude, qui se jette sur lui et l'entraîne hors du temple pour le précipiter dans le Nil.*

FIN DU TROISIÈME ACTE.

# ACTE QUATRIÈME.

*Les tentes de Nemrod le chamelier. Au fond de la tente principale, une ouverture par laquelle on aperçoit au loin les sables du désert. A gauche, la tente des esclaves. A droite, celle des chameaux.*

## SCÈNE I<sup>re</sup>.

NEMROD. Plusieurs chameliers assis à terre ou sur de la paille, et prenant pendant une halte leur repas du matin. On entend résonner les clochettes des chameaux.

**NEMROD et le CHOEUR.**

Tin, tin, tin, tin, tin !
Voici le matin !
Tin, tin, tin, tin !
Fais tinter ta clochette,
Mon chameau léger !
D'une riche aigrette
Que j'orne ta tête,
Il faut voyager !
Tin, tin, tin, tin !
Fais tinter ta clochette
Le long du chemin !
Tin, tin, tin,
Tin !

**UN JEUNE CHAMELIER.**
1<sup>er</sup> COUPLET.

Ah ! dans l'Arabie,
Quel heureux métier,
Quelle douce vie
Mène un chamelier !
Il franchit l'espace,
Rapide comme le vent,
Sans laisser sa trace
Au sable brûlant !

**CHOEUR.**

Tin, tin, tin, tin, tin !
Voici le matin !
Tin, tin, tin, tin !
Fais tinter ta clochette,
Mon chameau léger !
D'une riche aigrette
Que j'orne ta tête,
Il faut voyager !
Tin, tin, tin, tin !
Fais tinter ta clochette
Le long du chemin !
Tin, tin, tin,
Tin !

**LE JEUNE CHAMELIER.**
2<sup>e</sup> COUPLET.

S'il va voir sa belle,
Devinant son cœur,
Son chameau fidèle
Redouble d'ardeur.
Mais par trop rapide,
Souvent son retour, hélas !
Surprit la perfide...
Qui n'y comptait pas !

**CHOEUR.**

Tin, tin, tin, tin, tin !
Voici le matin !
Tin, tin, tin, tin !
Fais tinter ta clochette
Mon chameau léger !
D'une riche aigrette
Que j'orne ta tête,
Il faut voyager !
Tin, tin, tin, tin !
Fais tinter ta clochette
Le long du chemin !
Tin, tin, tin,
Tin !

Ce refrain s'unit dans ce moment aux clochettes d'une caravane qui traverse le désert et que l'on entend de loin.

**NEMROD**, écoutant.

Ce sont des voyageurs !... Oui, les entendez-vous ?
Auprès de cette source ils viennent, comme nous,
Pendant les feux du jour abreuver leurs montures.
*Plusieurs esclaves sortent.*

## SCÈNE II.

**NEMROD**, seul.

Je n'aime pas chez moi qu'on s'endorme !...
  S'approchant du hangar à droite.
            Eh ! vraiment !
Que fait sur la litière, ici, ce fainéant ?
  Levant le bâton sur l'esclave qui est couché à terre.
Du bâton de palmier si tu crains les injures,
Debout ! que l'on s'éveille !

AZAEL, vêtu comme les autres chameliers.
                    Oui, maître, me voici!
Je tombais de fatigue!
            NEMROD, brutalement.
                    Eh! qu'importe? Est-ce ainsi
Qu'on reconnaît des gens les soins et l'assistance?
Sur les rives du Nil, emporté par les eaux,
Je t'ai trouvé mourant au milieu des roseaux!
Je t'ai donc fait, pour rien, présent de l'existence!
            AZAEL.
C'est vrai!
            NEMROD.
        J'avais besoin d'un esclave chez moi;
De panser mes chameaux, je t'ai donné l'emploi!
Et tu prétends dormir?
            AZAEL.
            Pardonnez!... je m'oublie!
            NEMROD.
Tu me dois ton sommeil, ta peine, enfin ta vie!
            AZAEL.
La mienne vaut si peu!
            NEMROD.
            C'est juste!... A tes travaux!

Azaël entre sous la tente à droite au moment où l'on voit défiler dans le fond toute la caravane, au milieu de laquelle paraissent. Aménophis, Nefté et leurs amis.

Voici la caravane et nos hôtes nouveaux!

## SCÈNE III.

NEFTÉ, AMÉNOPHIS et ses amis, et les voyageurs de la caravane.

### CHOEUR.

Chers compagnons, accourez sur nos pas!
    Venez, ne nous séparons pas!
        Souvent en voyage,
            L'orage
        Éclate soudain.
Et pour braver les dangers du chemin,
Marchons gaîment en nous donnant la main!

### NEFTÉ.

#### RÉCITATIF.

De Memphis et de Babylone
Je fuis la splendeur monotone.
Lasse d'un calme heureux, je cherche le danger,
    Et ne demande au ciel que des orages,
        Ne fût-ce, hélas! que pour changer!
            Mais n'importent les rivages,
            N'importent les climats,
L'amour et les plaisirs partout suivront mes pas!

#### AIR.

        Sages, courbez la tête!
        Rois, tombez à genoux!
        Toujours la plus coquette
        Triomphera de vous!

        C'est la beauté,
        C'est la volupté,
        Qui règnent sur terre;
        Et la sagesse sévère
            A leurs lois
            Cède parfois!
        Oui bien souvent,
        Un fier conquérant
            Un instant
            Les brave,
        Mais à son tour,
            Faible esclave,
Son cœur obéit à l'amour.
        On a vu jusqu'aux dieux
        Se soumettre à nos charmes,
        Et pourtant deux beaux yeux,
        Voilà nos seules armes!
        Mais ces armes là,
Demi-dieux ou mortels...
        Faisant le signe de tomber à genoux.
            Vous mènent toujours là!
        C'est la beauté,
        C'est la volupté, etc., etc.

## SCÈNE IV.

LES PRÉCÉDENTS; AZAEL, sortant de la tente à droite, aperçoit Aménophis dont son habit de chamelier l'empêche d'être reconnu.

### AZAEL.

O ciel! c'est lui! ce traître et tous ces faux amis,
    De mes dépouilles enrichis!

### AMÉNOPHIS.

Du simoun qui s'élève, évitons les rafales,
Reposons-nous ici quelques instants!
    A Azaël.
Allons, esclave!... Eh bien, tu nous entends?
Ote-nous ces manteaux, et défais nos sandales!

### AZAEL.

Qui? moi!... Jamais!

### AMÉNOPHIS.

            L'habitant du désert
Pour un gardien de chameaux est bien fier!
    S'avançant vers lui le bâton levé.
Je châtirai son insolence!

AZAEL, lui arrachant le bâton qu'il brise et qu'il lui jette.
La tienne recevra d'abord sa récompense!

            NEFTÉ, se levant.
Eh mais! quel est ce bruit?
            Apercevant Azaël.
            Ah! qu'est-ce que je vois?
            AZAEL, la reconnaissant.
Ah! c'est Nefté!... c'est elle!... O terre, entr'ouvre-
[toi!

## ACTE IV.

AMÉNOPHIS, NEFTÉ et le CHOEUR.
O plaisante aventure !
Singulière figure,
C'est bien lui, je le jure !
C'est lui sous ces haillons !
Son costume est modeste,
Mais sa fierté lui reste,
Et longtemps, je l'atteste,
Longtemps nous en rrions !

AZAEL.
O mortelles injures !
Lorsque tant de souillures
Devraient à vous, parjures,
Faire rougir vos fronts !...
Hélas ! rien ne me reste !
Et Dieu, qu'en vain j'atteste,
Dans son courroux céleste,
Me livre à leurs affronts !

AZAEL.
A mon malheur, vous insultez, ingrats !

AMÉNOPHIS.
Ingrats ! Eh non, vraiment, nous ne le sommes pas !
Par pitié, je veux bien te prendre à mon service !

NEFTÉ.
Et dupe jusqu'ici, tu pourras profiter...
De nos leçons...

AZAEL, l'interrompant.
Que plutôt je périsse !
Infâmes !

AMÉNOPHIS.
Libre à toi ! tu peux ici rester !

NEFTÉ.
Et nous, continuons ce voyage prospère !
Bientôt nous reverrons les tentes d'Israël,
Et nous dirons à ce vieillard, son père,
L'heureux destin du brillant Azaël.

AZAEL, poussant un cri.
Ah ! c'est le dernier coup !
S'élançant près de Nefté.
Si la clémence encore
Peut toucher votre cœur,
Que mon vieux père ignore
Ma honte et mon malheur !
Sauvez-moi sa colère !...
Inconnu... j'aime mieux
D'opprobre et de misère
Expirer dans ces lieux !

NEFTÉ.
Je ne veux rien entendre,
Et tout ce que je peux,
Seigneur, est de vous rendre
Ce gage précieux !

AZAEL, se traînant à ses genoux.
Écoutez ma prière !
Pitié !... pitié !... je veux

D'opprobre et de misère
Mourir loin de ses yeux !

Nefté le repousse et s'éloigne en lui jetant l'écharpe de Jephtéle.

AMÉNOPHIS, NEFTÉ et le CHOEUR.
O brillante parure !
O plaisante aventure !
Ah ! longtemps, je le jure !
Ah ! ah ! nous en rirons !
Remontant vers le fond du théâtre.
Le ciel, tout nous l'atteste,
Nous devient moins funeste,
Et du jour qui nous reste,
Mes amis, profitons !
Allons !... allons !... partons !

AZAEL, ramassant l'écharpe de Jephtéle, qu'il regarde avec honte.
Pauvre et simple parure,
Si modeste et si pure...
De moi vient ta souillure !
Pour moi point de pardon !

Se traînant à droite du théâtre vers un morceau de pierre sur lequel il tombe anéanti.
O jour que je déteste...
Nul espoir ne me reste !...
Et le courroux céleste
Égare ma raison !

NEFTÉ.
L'horizon qui s'éclaircit
Nous invite et nous sourit,
Et, sous d'autres cieux,
Pèlerins joyeux,
Regardant Azaël.
Cherchons des amours plus heureux !

Aménophis, Nefté et leurs compagnons se sont éloignés. Azaël est resté seul, étendu sur la pierre et à moitié évanoui.

## SCÈNE V.

AZAEL, seul et ne parlant que par mots entrecoupés.
O honte !... ô déshonneur !... objet de leur dédain,
Quoi ! j'ai pu les prier, et les prier en vain !

AIR.
J'ai tout perdu, Seigneur,
Oui, tout perdu, jusqu'à l'honneur !
Tu vois qu'hélas ! ma vie
Est à jamais flétrie !
C'est trop souffrir,
Ah ! laisse-moi mourir !

Sentant ses forces qui l'abandonnent et ses yeux qui se ferment.
Merci ! Dieu tout-puissant... vous exaucez mes vœux !
La mort que j'implorais appesantit mes yeux !

*Il s'endort et voit dans son sommeil la maison de son père.*

O vallon de Gessen! ô riante demeure!
    Que protége le ciel!

*Il voit des jeunes filles vêtues de blanc, portant des corbeilles de fleurs et de fruits.*

    AZAEL, *continuant son rêve.*

C'est jour de fête!... ils vont adorer l'Éternel!

    *Poussant un cri.*

Jephtèle!

*Il s'agite et fait des efforts pour se réveiller. Derrière Jephtèle s'avance un vieillard qui s'arrête, lève les yeux au ciel et essuie une larme.*

Et ce vieillard!... Ah! c'est mon père!

*Il étend les bras vers lui. Puis il se laisse retomber en disant avec désespoir et remords.*

                    Il pleure!

*En ce moment, des nuages s'élèvent de tous côtés et cachent ce tableau. Mais du milieu de ces nuages se détache et brille un point lumineux. Azaël voit apparaître l'ange qui servit de guide autrefois au jeune Tobie. L'ange lui montre d'une main la maison de son père. C'est là qu'il faut aller! c'est là qu'il faut se prosterner; l'ange descend du nuage, marche devant Azaël en lui désignant le toit paternel. La vision disparaît. Azaël se retrouve près des tentes de Nemrod, le conducteur de chameaux, étendu sur le banc de pierre.*

Où suis-je? et quel espoir vient ranimer mon cœur?
O vision céleste!... Ange consolateur!

*Il se lève, regarde autour de lui et pousse un cri.*

    Ah! c'est Dieu qui m'éclaire!...
    Et m'entr'ouvrant les cieux,
    Un rayon de lumière
    Apparaît à mes yeux!

        AIR.

Oui, j'irai vers mon père,
Et, courbé sous sa loi,
Le front dans la poussière,
Je lui dirai: C'est moi!
Moi dont la faute est grande
Et les remords affreux!
Que ton pardon descende
Sur ton fils malheureux!
    Et si ma prière
    Fléchit ta colère,
    Le pardon d'un père
    Est celui des cieux!

    *Regardant autour de lui.*

Oui, l'opprobre qui m'environne
Aux plus vils emplois m'a soumis!
Même l'espoir, tout m'abandonne...
Plus d'avenir et plus d'amis...
Plus d'amis!

    *Avec exaltation.*

    J'irai vers mon père!
    C'est moi! moi, mon père,
    Pauvre et malheureux!...
    Et si ma misère
    Fléchit ta colère,
    Le pardon d'un père
    Est celui des cieux!

    *Avec animation.*

Du désert la zone brûlante
    Je la franchirai!
Et la faim et la soif ardente
    Je les braverai!
Toit paternel, sainte demeure,
    Voici votre enfant!
Faites qu'il arrive et qu'il meure
    En vous voyant!

O mon père! ô mon père!
Pardonne sur la terre
A ton fils malheureux!
Car le pardon d'un père
Est le pardon des cieux!

*Il s'élance dans le désert et disparaît. La toile tombe.*

FIN DU QUATRIÈME ACTE.

# ACTE CINQUIÈME.

Le vallon de Gessen. Des plaines couvertes de moissons. La métairie de Ruben vue à l'extérieur.
Au lever du rideau, des moissonneurs sont occupés à lier et à rentrer des gerbes.

## SCÈNE Iʳᵉ.

JEPHTÈLE; JÉROBOAM, entrant par la gauche; RUBEN, assis à droite, morne, silencieux, et insensible à tout ce qui se passe autour de lui.

1ᵉʳ CHŒUR.

Amis, voici le soir,
La journée est finie !
Quel bonheur de revoir
Sa chaumière chérie !

2ᵉ CHŒUR.

Que nos chants heureux
Et joyeux
S'élèvent vers les cieux !

3ᵉ CHŒUR.

Lorsqu'après la chaleur,
La brise qui nous gagne
Descend de la montagne
Et répand la fraîcheur,
Le joyeux moissonneur,
Auprès de sa compagne,
Le joyeux moissonneur
Retrouve le bonheur.

Un char couvert de gerbes de blé, et traîné par plusieurs chevaux, paraît en ce moment. Des femmes et des enfants sont assis au haut des gerbes. Des moissonneurs, hommes et femmes, entourent le char en chantant et dansant.

JEPHTÈLE.

Du soleil les feux ardents
Ont fécondé nos champs !
Gloire au Dieu de nos pères !
Il donne au laboureur
L'abondance et le bonheur !

S'adressant à Jéroboam, l'intendant.

Pour des jours moins prospères,
Dans nos granges entassons
Le doux fruit de nos moissons ;
Sous nos toits tutélaires,
De nos belles gerbes d'or
Serrons le trésor !

Mais qu'en route plus d'un épi
S'en échappe... afin qu'aujourd'hui
Le pauvre ait sa moisson aussi !

Du soleil, les feux ardents, etc.

## SCÈNE II.

JEPHTÈLE, s'avançant près de Ruben, qu'elle contemple avec émotion.

Quelle morne douleur ! quelles sombres alarmes !
Elle s'approche de lui et lui dit :
Ah ! j'ai vu sur sa joue une larme, je croi ?

RUBEN, l'essuyant vivement.

Non ! non ! mes yeux n'ont plus de larmes
Mon cœur n'a plus d'amour !

JEPHTÈLE, avec reproche.
Ah !
RUBEN, vivement.
Si ce n'est pour toi !

JEPHTÈLE.

A vous seul, désormais, restera consacrée
L'inutile tendresse à votre fils jurée !

RUBEN, avec indignation.

Lui ! mon fils !.. Je défends qu'on prononce ce nom !
Moi !... je n'ai plus de fils !

JEPHTÈLE, d'un air suppliant.

Dans votre âme ulcérée,
Pour lui, n'est-il plus de pardon ?

RUBEN.

Jamais ! non jamais !.. point de grâce
Pour les cœurs criminels, pour les enfants ingrats !

JEPHTÈLE, timidement.

S'il revenait pourtant !

RUBEN, avec colère.

S'il avait cette audace !..
Je ne veux pas le voir ! qu'il porte ailleurs ses pas !.

Prenant la main de Jephtèle.

Mais calme-toi, ma fille !..

Avec amertume.

Il ne reviendra pas !

Il rentre dans la métairie à gauche.

## SCÈNE III.

JEPHTÈLE, seule.

Dans son âme, ô mon Dieu ! viens calmer la souffrance,
Et dans la mienne encor laisse au moins l'espérance !
*Regardant vers la droite.*
Quel est cet étranger, au vêtement flétri,
Par la marche, sans doute, et la faim affaibli ?
Il avance en tremblant !.. Ah ! sa misère est grande !
N'attendons pas qu'il demande,
Offrons-lui !
*Elle entre dans la métairie à gauche. Azaël paraît du côté opposé.*

## SCÈNE IV.

AZAEL *s'avance en chancelant, s'arrête et jette sur tout ce qui l'entoure un regard attendri*

O campagne chérie !
O tentes d'Israël !
Gessen ! ô ma patrie !
*S'inclinant avec respect.*
Et vous, toit paternel !
Lieux que mon cœur adore,
Triste et doux souvenir !
Vers vous, je reviens encore
Pour vous voir et mourir !

JEPHTÈLE, *sortant de la métairie à droite avec un vase de lait, du pain et des fruits.*

Sous notre tente hospitalière
Daignez entrer, bon voyageur !

AZAEL, *tressaillant et à part.*

Ah ! c'est Jephtèle, c'est ma sœur !

JEPHTÈLE.

La maison de Ruben, mon père,
Est toujours ouverte au malheur !

AZAEL, *timidement et avec émotion.*

De Ruben vous êtes la fille ?

JEPHTÈLE.

Je suis son seul enfant...
*Avec douleur.*
Maintenant !
*Lui offrant ce qu'elle tient.*
Prenez ce lait... ce pain !.. celui de la famille !

AZAEL.

Ah ! je ne le mérite pas !

JEPHTÈLE.

Vous !

AZAEL.

Pour un misérable, hélas !
En vos soins trop de bonté brille !

JEPHTÈLE.

Qu'entends-je ! ô ciel ! et qu'est-ce que je vois,
Il détourne les yeux... ce trouble... cette voix !
Azaël !

AZAEL.

Ma sœur !

JEPHTÈLE.

O campagne chérie !
O tentes d'Israël !
Gessen ! ô ma patrie !
Et vous, toit paternel !
Ah ! tressaillez encore
De joie et de plaisir,
Car celui que j'adore
Vers vous va revenir !

AZAEL.

O campagne chérie !
O tentes d'Israël !
Gessen ! ô ma patrie !
Et vous, toit paternel !
Lieux que mon cœur adore,
Triste et doux souvenir,
J'ai pu vous voir encore !
Adieu ! je puis mourir !

*Mouvement plus agité.*

AZAEL.

Oui, je suis ce coupable
Errant et misérable,
Que le remords accable
Plus que le ciel vengeur !
Oui, flétri par le crime
J'ai perdu votre estime
Et laissé dans l'abîme
L'espérance et l'honneur !

JEPHTÈLE, *avec force.*

Non ! non ! et le coupable,
Que le remords accable
Sait d'un juge équitable
Désarmer la rigueur !
Que l'honneur vous ranime !
Et, sortant de l'abîme,
En retrouvant l'estime,
Retrouvez le bonheur !

AZAEL.

Devant vous, je baisse la vue !

JEPHTÈLE.

Relevez-la plutôt et regardez les cieux !

AZAEL.

Pour jamais je vous ai perdue !

JEPHTÈLE.

Le parjure d'un cœur n'en dégage pas deux !

ENSEMBLE. *Dans les bras l'un de l'autre.*

## ACTE V.

AZAEL.
Quand j'offensais le ciel...
JEPHTÈLE.
J'apaisais son courroux!
AZAEL.
Quand je vous trahissais...
JEPHTÈLE.
Je priais Dieu pour vous!
JEPHTÈLE.

ENSEMBLE.
Espérance au coupable
Que le remords accable!
De son juge équitable
Il vaincra la rigueur!
Que l'honneur vous ranime
Et, sortant de l'abîme,
En retrouvant l'estime,
Retrouvez le bonheur!

AZAEL.
A sa voix, le coupable
Devient moins misérable;
Du tourment qui l'accable
S'adoucit la rigueur!
Oui, sa voix me ranime
Et, sortant de l'abîme,
Je rêve encor l'estime,
L'espoir et le bonheur!

AZAEL.
Et mon père! mon père!...
JEPHTÈLE.
Je n'ose vous bercer, hélas! d'un vain espoir...
Dès longtemps, en silence, amassant sa colère,
Il repousse un ingrat; il ne veut plus le voir!
Son fils n'est plus, dit-il!
AZAEL.
O trop juste vengeance!
Mon père me bannit! quel sera mon recours?
JEPHTÈLE.
Votre seul repentir!
AZAEL.
J'ai lassé sa clémence!
JEPHTÈLE.
Ah! dans le cœur d'un père elle survit toujours!
Dernière strette du duo.
JEPHTÈLE.

ENSEMBLE.
Courage! courage!
Et pour le fléchir,
Effacez l'outrage
Par le repentir!
Au pardon suprême
Il nous rend nos droits,
Et le ciel lui-même
S'entr'ouvre à sa voix!

AZAEL.
J'aurai le courage
De vous obéir,
D'effacer l'outrage
Par le repentir!
Au pardon suprême
Reprenons nos droits!
Un ange lui-même
Me prête sa voix!

AZAEL, reculant avec effroi.
C'est mon père!
JEPHTÈLE.
Oui, c'est lui!
AZAEL, le regardant s'avancer lentement.
Sur son front, je crois lire
La trace des chagrins, qui de moi viennent tous!
JEPHTÈLE.
Courage!
AZAEL, tremblant.
Il va me maudire!
Et sur moi du Très-Haut appeler le courroux!
JEPHTÈLE.

ENSEMBLE.
Courage! courage!
Et pour le fléchir,
Effacez l'outrage
Par le repentir!
Au pardon suprême
Il nous rend nos droits,
Et le ciel lui-même
S'entr'ouvre à sa voix!

AZAEL.
J'aurai le courage,
Dussé-je en mourir,
D'effacer l'outrage
Par le repentir!
Au pardon suprême
Reprenons nos droits!
Un ange lui-même
Me prête sa voix!

## SCÈNE V.

LES PRÉCÉDENTS, RUBEN.

RUBEN.
Qu'est-ce, ma fille?
Voyant qu'elle garde le silence.
Eh bien?
JEPHTÈLE.
Vers nous, en sa souffrance,
Venait un voyageur!
RUBEN.
Qu'il entre en mon logis!

JEPHTÈLE.
Sans asile et sans espérance,
Parmi vos serviteurs il voudrait être admis!
RUBEN.
D'où vient-il?
JEPHTÈLE.
De Memphis!
RUBEN, cherchant à cacher son émotion.
Memphis!
A part.
Ah! s'il pouvait me parler de mon fils!
Haut à Jephtèle.
Laisse-nous!
JEPHTÈLE.
Quoi! mon père, avec cet étranger!
RUBEN.
Seul avec lui, je veux l'interroger.
JEPHTÈLE, sortant.
Protégez-le, mon Dieu!

## SCÈNE VI.

RUBEN, AZAEL.

RUBEN, faisant signe à Azaël d'approcher.
Cette cité fameuse...
Vous l'avez donc vue?
AZAEL, baissant la tête.
Oui!
RUBEN.
Dans la foule honteuse
De jeunes débauchés, de libertins impurs,
Qui vont perdre leur or et l'honneur dans ses murs...
Auriez-vous rencontré, dites-le-moi sans feinte,
L'espérance et l'orgueil de notre tribu sainte,
Mon fils!...
Se reprenant vivement.
Non... plus mon fils!
AZAEL, à part.
O ciel!
RUBEN.
Mais un jeune insensé qu'on nommait Azaël.
AZAEL.
Oui, Seigneur!
RUBEN, tremblant d'impatience.
Eh bien donc, existe-t-il encore?
AZAEL.
Par malheur!
RUBEN.
Que dis-tu?

AZAEL.
Car lui-même, il s'abhorre!
RUBEN, avec joie.
Ses torts par le malheur sont-ils donc expiés?
AZAEL.
Il s'en repent du moins!.. il prie.. il vous implore!
Et tremble...
RUBEN, tremblant.
Où donc est-il alors?... Parle!
AZAEL.
A vos pieds.
RUBEN, poussant un cri.

AIR.

Mon fils!... mon fils!... c'est toi! que je vois! que
[j'embrasse!
O Seigneur!.. dont la main m'avait tant éprouvé!
Mes malheurs étaient grands, ta bonté les surpasse:
J'avais perdu mon fils, et je l'ai retrouvé!

Le Dieu vengeur qui tient le glaive,
De joie a plutôt tressailli
Au coupable qui se relève
Qu'au juste qui n'a point failli!

Mon fils!... mon fils!... c'est toi.. que je vois.. que
[j'embrasse!
O Seigneur!... dont la main m'avait tant éprouvé!
Mes malheurs étaient grands, ta bonté les surpasse:
J'avais perdu mon fils, et je l'ai retrouvé!
Et vous, amis, de fleurs couronnez votre tête!
Au foyer paternel, que le festin s'apprête!
Appelant tous ses serviteurs:
Accourez tous!.. venez... venez... c'est jour de fête!
J'avais perdu mon fils, et je l'ai retrouvé!

JEPHTÈLE, et TOUS LES SERVITEURS.

Oui, partageons sa joie et son amour!
Son fils est parmi nous, son fils est de retour!

On entend le son des harpes et une musique aérienne.
L'ange qui avait apparu à Azaël s'élève du milieu des nuages et monte vers le ciel, portant aux pieds de Dieu le pardon paternel.

AZAEL.
Clartés célestes et nouvelles!
Oui, des anges j'entends les harpes immortelles!
RUBEN.
Du repentir d'un fils Dieu même est réjoui!
AZAEL.
Mon père a pardonné!... le ciel pardonne aussi!
CHOEUR.
Partageons tous sa joie et son amour!
Son fils est parmi nous! son fils est de retour!

FIN DU CINQUIÈME ET DERNIER ACTE.

# PUBLICATIONS
## DE L'ANNÉE 1850
DE
# BRANDUS & C<sup>ie</sup>,
ÉDITEURS DE MUSIQUE,

SUCCESSEURS DE MAURICE SCHLESINGER ET DE E. TROUPENAS ET C<sup>ie</sup>,

PROPRIÉTAIRES DU FONDS DE MUSIQUE DU CONSERVATOIRE,

**87, RUE DE RICHELIEU, et 40, RUE VIVIENNE,**

A PARIS.

---

SUPPLÉMENT A LEUR CATALOGUE GÉNÉRAL.

---

## MUSIQUE DRAMATIQUE.

### Grandes Partitions et Parties d'orchestre.

| | | |
|---|---|---|
| **Adam.** Giralda. Opéra com. en 3 actes. | net. | 150 » |
| Parties d'orchestre. | net. | 150 » |
| Chaque partie suppl. | net. | 15 » |

### Ouvertures
A GRAND ORCHESTRE.

| | | |
|---|---|---|
| Giralda. . . . . . . . . . . . . . . . | net. | 10 » |
| La même en partition. . . . | net. | 10 » |

### Airs de ballet
A GRAND ORCHESTRE.

Les quatre airs de ballet du Prophète :
N° 1. La valse. . . . . . . .
    2. Redowa. . . . . . . .
    3. Quadr. des patineurs.⎬ net. 30 »
    4. Galop. . . . . . . .

## MUSIQUE VOCALE.

### Partitions
POUR CHANT ET PIANO.
Format in-8°.

| | | |
|---|---|---|
| **Adam.** Giralda. . . . . . . . . . | net. | 15 » |
| **Auber** La Muta di Portici, avec paroles italiennes. . . . . . . . . . | net. | 15 » |
| **Donizetti.** La Favorita, avec paroles italiennes. . . . . . . . . . | net. | 15 » |
| **Halévy.** La Fée aux roses. . . . | net. | 15 » |
| **Meyerbeer.** Il Profeta, avec paroles italiennes. . . . . . . . . . | net. | 20 » |
| — Roberto il Diavolo, avec paroles italiennes . . . . . . . . . | net. | 20 » |

*Suite de la musique vocale.*

### Airs d'opéras
AVEC ACCOMPAGNEMENT DE PIANO.

### GIRALDA.
(ADAM.)

| | | | |
|---|---|---|---|
| 1. *Couplets.* O mon habit, mon bel habit de mariage. . . . . | T. net. | 1 50 |
| 2. *Cavatine.* Rêve heureux. . . | S. net. | 1 50 |
| 2 bis. La même, transposée . . . | net. | 1 50 |
| 3. *Duo.* Faut-il donc vous aider. | T. S. net | 4 » |
| 4. *Air.* Rêve si doux. . . . | T. net. | 3 » |
| 4 bis. Le même, transposé. . . . | net. | 3 » |
| 5. *Duo.* C'est dans l'église du village. | T. T. net. | 4 » |
| 5 bis. Le même, transposé. | T. B. net. | 4 » |
| 6. *Air.* Que saint Jacques et les saints me viennent en aide. . | net. | 3 » |
| 6 bis. Le même, transposé . . . . | net. | 3 » |
| 7. *Couplets.* Tant que j'étais . . | T. net. | 2 » |
| 8. *Duo.* O dieu d'amour. . . | T. S. net. | 4 » |
| 9. *Trio.* Où donc est-il mon doux seigneur . . . | T. B. S. net. | 4 » |
| 10. *Air.* De cette pompeuse retraite. | S. net. | 3 » |
| 10 bis. Le même, transposé. . . . . | net. | 3 » |
| 11. *Romance.* Je suis la reine . . . | | 1 50 |
| 12. *Air bouffe.* Je ne puis affirmer si celui que j'accuse . . . . . | T. net. | 2 » |
| 13. *Couplets.* Il a parlé, terreurs soudaines. . . . . . . | S. net. | 2 » |
| 14. *Romance.* Ange des cieux , charme des yeux. . . . . . | B. net. | 1 50 |
| 14 bis. La même, transposée . . . . | net. | 1 50 |
| 15. *Duo.* O perfidie, qui sacrifie. | T. S. net. | 3 » |
| 16. *Air et variations.* Par vous brille la Castille . . . . | S. net. | 1 50 |
| 16 bis. Les mêmes , transposés. . . . | net. | 1 50 |

## — MUSIQUE VOCALE. —

### Romances Françaises
AVEC ACCOMPAGNEMENT DE PIANO.

| | | |
|---|---|---|
| **Halévy**. Sisca l'Albanaise. | 2 | 50 |
| — La Venta. | 2 | 50 |
| **Rossini**. L'Amour perdu. . . . net. | 1 | 25 |
| — Le Chant du soir . . . . net. | 1 | 25 |
| — La Gaieté. . . . . . . . net. | 1 | 25 |
| — Œdipe, air de basse. . . . net. | 1 | 75 |

## MUSIQUE INSTRUMENTALE.

### CLARINETTE.

| | | |
|---|---|---|
| **Brepsant**. Souvenir de Bellini, fantaisie concertante pour 2 clarinettes, avec accompagnement de piano. | 7 | 50 |
| — Fantaisie originale pour clarinette avec accompagnement de piano. | 9 | » |
| — Id. avec accomp. d'orchestre. | 12 | » |
| **Kuffner**. Les Airs de *Haydée* pour clarinette seule. | 5 | » |

### CORNET A PISTONS.

#### Airs d'opéras
POUR CORNET SEUL.

| | | |
|---|---|---|
| Diamants de la couronne (les). | 5 | » |
| Dieu et la Bayadère (le). | 5 | » |
| Duc d'Olonne (le). | 5 | » |
| Giralda. | 5 | » |
| Haydée. | 5 | » |
| Lestocq. | 5 | » |
| Moïse. | 5 | » |
| Part du Diable (la). | 5 | » |
| Zanetta. | 5 | » |

#### Airs d'opéras
POUR 2 CORNETS A PISTONS.

| | | |
|---|---|---|
| Le *Prophète*, arr. par Guichard. 2 S. ch. *net*. | 3 | » |
| *Giralda*, arrangé par Caussinus. 2 S. ch. *net*. | 3 | » |

#### Duos
POUR CORNET A PISTONS ET PIANO.

| | | |
|---|---|---|
| **Fessy** et **Boulcourt**. Fantaisie concertante. | 7 | 50 |
| **Guichard**. Op. 18. Duo brillant sur le *Prophète*. . . . . . net. | 4 | » |

### FLUTE.

| | | |
|---|---|---|
| **Tulou**. Grand duo sur la *Cenerentola*, pour flûte et piano. | 9 | » |
| — Duo brillant sur *Haydée*, pour flûte et piano. | 9 | » |

#### Ouvertures et Airs d'opéras
POUR FLUTE SEULE ET POUR DEUX FLUTES.

| | | |
|---|---|---|
| Ouverture de *Giralda*, pour 2 flûtes. . *net*. | 2 | » |
| Airs de *Giralda* pour flûte seule. | 7 | 50 |
| — id. pour 2 flûtes, 2 suites, chaque | 7 | 50 |

## — MUSIQUE INSTRUMENTALE. —

## HARMONIE ET MUSIQUE MILITAIRE.

| | | |
|---|---|---|
| **Fessy**. La Californie, pas redoublé sur le *Violon du diable*. | 5 | » |
| **Mohr**. Deux Pas redoublés sur *Giralda*, 2 suites, chaque. | 6 | » |

### Fanfares
POUR MUSIQUE DE CAVALERIE.

| | | |
|---|---|---|
| **Fessy**. Le Trompette du régiment, six morceaux : | | |
| 1. Fantaisie sur *Haydée*. | 9 | » |
| 2. Pas redoublé sur le *Domino noir*. | 5 | » |
| 3. *Romélie*, grande valse. | 9 | » |
| 4. Pas redoublé sur le *Serment*. | 5 | » |
| 5. Le *Carnaval de Paris*, quadrille. | 9 | » |
| 6. Pas redoublé sur l'*Ambassadrice*. | 6 | » |

### HARMONIUM.

| | | |
|---|---|---|
| **Adam** (A.). Fantaisie sur la *Muette de Portici*, composée par S. Thalberg, arrangée pour mélodium et piano. | 9 | » |
| **Miolan**. Fantaisie sur *Moïse*, composée par S. Thalberg, arrangée pour mélodium et piano. | 9 | » |

### HARPE.

| | | |
|---|---|---|
| **Labarre**. Op. 120. Trois mélanges pour harpe et piano. | | |
| Nos 1. *Haydée*. | 9 | » |
| 2. La *Sirène*. | 9 | » |
| 3. La *Donna del lago*. | 9 | » |
| — Duo sur des motifs du *Prophète*, pour harpe et piano. . . . . net. | 4 | » |

### HAUTBOIS.

| | | |
|---|---|---|
| **Verroust**. Op. 54. Fantaisie sur le *Prophète*, pour hautbois avec accompagnement de piano. | 7 | 50 |

### PIANO.

#### Fantaisies et Airs variés.

| | | |
|---|---|---|
| **Adam** (A.). Six petits airs du *Prophète*. *net*. | 2 | » |
| — Mélange sur *Giralda*. . . . *net*. | 2 | 50 |
| — Six petits airs de *Giralda*. . . *net*. | 2 | 50 |
| **Beyer** (Fr.). Op. 42. Souvenir des *Puritains*, fantaisie. | 6 | » |
| — Op. 71. Morceau de salon sur la *Part du diable*. | 6 | » |
| **Beyer** (Fr.). Op. 87. Divertissement sur des motifs de *Guillaume Tell*. | 5 | » |
| — Mosaïque sur le *Lac des fées*. | 9 | » |
| — Le *Tremolo*, de Ch. de Bériot, arrangé pour le piano. | 6 | » |

## — MUSIQUE INSTRUMENTALE. —

**Blumenthal.** Op. 14. La Plainte. *net.* 3 »
— Op. 16. Consolation, fantaisie. *net.* 3 »
— Op. 18. L'Eau dormante. . . . *net.* 3 »
**Brisson.** Op. 40. Fantaisie sur *Giralda.* 7 50
**Burgmuller** (Fr.). Valse sur *Giralda.* 7 50
**Comettant** (O.). Op. 36. Fantaisie sur *Giralda.* . . . . . . . . . . . . . 7 50
**Devos.** Op. 10. Le Retour dans les montagnes, impromptu . . . . . . 5 »
**Doehler** (Th.). Op.70. 12e nocturne. *net.* 2 »
**Duvernoy** (J.-B.). Op. 190. Fantaisie sur *Giralda.* . . . . . . . . *net.* 3 »
**Gerville** (Pascal). Le Bengali au réveil, bluette . . . . . . . . . . . . 4 »
**Heller** (St.). Op. 72.
    Nos 1. Le Chant du matin. . . . . 4 50
    2. Le Chant du troubadour. . 4 50
    3. Le Chant du dimanche. . . 4 50
— Op. 73.
    Nos 1. Le Chant du chasseur. . . . 3 »
    2. L'Adieu du soldat. . . . . 4 50
    3. Le Chant du berceau. . . 4 50
**Hunten** (Fr.). Op. 173. Fantaisie sur la *Fée aux roses.* . . . . . . *net.* 2 50
**Lecarpentier.** 118e et 119e Bagatelles sur *Giralda*, chaque. . . *net.* 2 »
**Lassek.** Les Soirées parisiennes. . *net.* 2 50
**Liszt** (Fr.) Mazurka brillante. . . . *net.* 3 »
**Luce.** Sérénade . . . . . . . . . . . *net.* 5 »
— Bolero . . . . . . . . . . . . *net.* 3 »
**Mendelsohn-Bartholdy.** Op. 82. Variations . . . . . . . . . *net.* 3 »
— Op. 83. Andante avec variations. *net.* 3 »
**Redler.** Op. 144. Fantaisie sur *Giralda.* 5 »
**H. Rosellen.** Op. 122. Fantaisie sur *Giralda.* . . . . . . . . . . . . 9 »
**Sowinsky.** Op. 74. Fantaisie brillante sur le *Prophète.* . . . . . . *net.* 3 »
**S. Thalberg.** Op. 57. Decameron :
    Nos 9. Fantaisie sur le *Prophète.* . . 7 50
    10. Fant. sur des *Airs irlandais.* 7 50
**Wartel.** Op. 14. Andante. . . . . . 6 »
**Willmers.** Op. 68. Fantaisie de concert sur le *Prophète* . . . . *net.* 4 »
**Voss.** Op. 113. La Cascade des fleurs. . 6 »
— Op. 120. Fantaisie de salon sur *Giralda.* . . . . . . . . . . . . . 6 »

### Partitions
ARRANGÉES POUR PIANO SOLO.
Format in-8.

**Auber.** Haydée. . . . . . . . . *net.* 8 »
— La Part du diable. . . . . . *net.* 8 »
**Halévy.** La Fée aux roses. . . . *net.* 8 »
— Giralda . . . . . . . . . . *net.* 8 »
**Meyerbeer.** Le Prophète . . . *net.* 10 »

## — MUSIQUE INSTRUMENTALE. —

### Ouvertures
POUR PIANO AVEC ACCOMPAG. DE VIOLON AD LIB.

**Adam.** Giralda. . . . . . . . . . *net.* 2 50
**Halévy.** La Fée aux roses. . . . *net.* 2 50
**Meyerbeer.** Le Prophète, arrangé par Alkan. . . . . . . . . . *net.* 3 »

### Quadrilles
POUR LE PIANO AVEC ACCOMPAGNEMENT AD LIB.

**Lecarpentier.** La Fée aux roses. *net.* 2 »
— Giralda . . . . . . . . . *net.* 2 »
**Musard.** La Fée aux roses, deux quadrilles. . . . . . chaque, *net.* 2 »
— Giralda, deux quadrilles. chaque,*net.* 2 »

### Valses
POUR LE PIANO.

**Beyer** (Fr.). Valse du *Domino noir* . . . 5 »
**Ettling.** Valse brillante sur Giralda. *net.* 2 »
**Labitzky.** Op. 168. Souvenir de Berlin. 4 50
— Op. 170. Souvenir du Hanovre. . 4 50
— Op. 172. Souvenir de Hongrie. . . 4 50
— Op. 174. Antonia. . . . . . . . 4 50
— Op. 176. Le Troubadour. . . . . 4 50

### Polkas, Mazurkas, Redowas et Schottischs
POUR LE PIANO.

**Burgmuller.** Polka-mazurka sur la *Fée aux roses.* . . . . . . . . . *net.* 1 »
**Devos.** Op. 9. L'Élégante polka. . . . 4 50
**Kœnig.** L'Éclipse, polka. . . . . . . 2 »
— Jupiter, polka-trémolo. . . . . 2 »
**Kuhner.** La Rêveuse, polka. . . . . 2 »
**Pasdeloup.** Polka-mazurka sur *Giralda.* . . . . . . . . . . *net.* 1 50
— Schottisch sur *Giralda.* . . . *net.* 2 »
**Pilodo.** Redowa sur *Giralda.* . . *net.* 1 50
— Polka sur *Giralda.* . . . . . *net.* 1 50
— Les Etincelles, polka. . . . . *net.* 1 »
— Schottisch de Mabille . . . . *net.* 1 50
**Talexy.** Wanda, polka-mazurka. . . . 4 50
**Wallerstein.** Op. 49. L'Aéronaute, polka. . . . . . . . . . . . . . 1 50
— Op. 49 bis. La Tempête, polka. *net.* 4 50
— Op. 51. San-Francisco, polka. *net.* 4 50
— Op. 56. Le Train de plaisir, polka.*net.* 4 50

### PIANO A QUATRE MAINS.

**Beyer.** Mosaïque sur les *Diamants de la couronne.* . . . . . . . . . . . . 6 »
**Hunten** (F.). Op. 174. Fantaisie sur *Giralda.* . . . . . . . . . . . . . 7 50
**Mendelsohn-Bartholdy.** Op. 83 bis. Andante et variations. *net.* 4 »

— MUSIQUE INSTRUMENTALE. —

*Suite du Piano.*

**Osborne.** Duo brillant sur le *Barbier de Séville*, arrangé à 4 mains d'après le duo de Ch. de Bériot . . . . . . 10 »
**Rosellen.** Op. 125. Grand duo sur la *Favorite*. . . . . . . . . . . . . . . 9 »

## Ouvertures

POUR LE PIANO A 4 MAINS.

La Fée aux Roses. . . . . . . . net. 3 »
Giralda. . . . . . . . . . . . . . net. 3 »
Le Prophète, arrangé par Alkan. . . net. 4 »

## Quadrilles, Valses, Polkas, Redowas, Schottischs.

A 4 MAINS.

**Ettling.** Grande valse sur *Giralda*. net. 3 »
**Labitzky.** L'Orient, valse. . . . . . . 5 »
— Souvenir de Berlin, valse. . . . . 5 »
— Souvenir du Hanovre, valse. . . . 5 »
**Musard.** *Giralda*, 2 quadrilles, ch. net. 2 »
**Pilodo.** Redowa de *Giralda* . . . net. 2 »
— Polka de *Giralda*. . . . . . net. 2 »
— Schottisch de Mabile. . . . net. 2 »

## VIOLON.

### Airs variés, Fantaisies et Duos

POUR VIOLON ET PIANO.

**Bériot** (Ch. de). Op. 67. Première sonate concertante pour piano et violon. 9 »
— Op. 72. Duo brillant pour piano et violon sur le *Pirate*. . . . . . 9 »
— Op. 69. Dixième air varié pour violon avec accomp. de piano. . . . . 9 »
  Id. avec accompag. d'orchestre. 18 »
— Op. 70. Sixième concerto pour violon avec accompagnement de piano.
  Id. complet avec orchestre.. 30 »
  Id. le quatuor seul. . . . . 10 »
  Id. l'orchestre seul. . . . . 20 »
**Doehler.** Op. 71. Andante pour piano et violon. . . . . . . . . . . net. 3 »
**Ernst.** Op. 22. *Airs hongrois* variés pour le violon avec accomp. de piano. 9 »
**Le Cieux.** Op. 8. Fantaisie pour piano et violon, sur le *Duc d'Olonne*. . . 9 »

— MUSIQUE INSTRUMENTALE. —

*Suite du violon.*

**N. Louis.** Op. 201. Sérénade pour piano et violon sur *Giralda*. . . . net. 4 »
**Vieuxtemps** et **Rubinstein**. Duo pour piano et violon, sur le *Prophète*. . . . . . . . . . . . net. 4 »

## Airs d'opéras

POUR VIOLON SEUL.

Giralda. . . . . . . . . . . . net. 3 »
Robert le Diable. . . . . . . . . 7 50

## Ouvertures et Airs d'opéras

POUR DEUX VIOLONS.

Ouverture de *Giralda*, arr. par N. Louis. net. 2 »
Airs de *Giralda*. . . . . 2 suites, chaque. 7 50

## Quadrilles, Valses, Polkas et Redowas

POUR PETIT ET GRAND ORCHESTRE.

**Ettling.** Grande valse de *Giralda*.
  Petit orchestre. . . . . . net. 2 50
  Grand orchestre. . . . . . net. 3 50
**Labitzky.** Souvenir de Berlin, valse en quintette. . . . . . . . . 6 »
  Pour orchestre. . . . . . . 9 »
**Musard.** *Giralda*, 2 quadrilles
  Petit orchestre, chaque. . . . 6 »
  Grand orchestre, chaque. . . . 9 »
**Pilodo.** Redowa de la *Fée aux roses*.
  Petit orchestre. . . . . . net. 2 »
  Grand orchestre. . . . . . net. 3 »
**Wallerstein.** Fanny Elsler, polka.
  Petit orchestre. . . . . . net. 2 »
  Grand orchestre. . . . . . net. 3 »
— Cerrito, polka
  Petit orchestre. . . . . . net. 2 »
  Grand orchestre.. . . . . net. 3 »

## Trios, Quatuors et Quintetti.

**Ch. de Bériot.** Op. 71. Second grand trio pour piano, violon et violoncelle. 15 »
**Cappa.** Trois Quintetti pour trois violons, alto et violoncelle. . . . . . net. 6 »
**Morel.** (Auguste). Quatuor pour deux violons, alto et violoncelle. . net. 6 »

*Pour paraître le 1ᵉʳ janvier.*

# L'ENFANT PRODIGUE,

Partition. — Airs détachés, — Arrangements, — Morceaux, — Quadrilles, etc.

POUR TOUS LES INSTRUMENTS.

Rue Richelieu, 87 et rue Neuve-Vivienne, 40.

# BRANDUS ET C<sup>IE</sup>,

ÉDITEURS DE MUSIQUE,

*Successeurs de Maurice Schlesinger et de Troupenas et C<sup>ie</sup>,*

Propriétaires du fonds de musique du Conservatoire.

# GRAND
# ABONNEMENT
## A LA LECTURE MUSICALE.

Un an, 30 fr. — Six mois, 18 fr. — Trois mois, 12 fr. — Un mois, 5 fr.

Notre abonnement de musique, le plus considérable de Paris, se compose du répertoire complet des œuvres anciennes, classiques et modernes.

**Nous mettons à la disposition du public :**

Les grandes Partitions orchestre, les Partitions pour piano et chant françaises, italiennes et allemandes; les Partitions pour piano seul et à 4 mains; des Morceaux de piano seul, à 4 mains, ou concertants avec divers instruments, de tous les auteurs anciens et modernes; enfin des Ouvertures, Quadrilles, Valses, Polkas, Redowas, etc.

L'abonné reçoit à la fois trois morceaux qu'il a le droit de changer tous les jours. Une partition compte pour deux morceaux. Les abonnés de province ont droit à six morceaux.

**Sont exclus de la lecture :**

1° Les Morceaux de chant détachés des opéras ou opéras comiques.
2° Les Romances, Mélodies et Duos.
3° Les Méthodes, Solféges, Études et Vocalises.

**Dispositions générales.**

1° L'abonné est tenu d'avoir un carton, sans lequel il ne peut venir ou envoyer échanger la musique.
2° Les doigtés sur les morceaux sont rigoureusement interdits.
3° Les abonnés qui ont reçu des morceaux neufs, et qui les rapporteront roulés, tachés, déchirés, doigtés ou incomplets, en paieront la valeur.
4° L'abonné ne peut garder une partition plus de quinze jours.

*Le service de l'abonnement ne se fait point les dimanches et jours de fête.*

**Les abonnements se paient d'avance.**

Rue Richelieu, 87 (ancien 97), et rue Neuve-Vivienne, 40.

Bureaux à Paris, rue Richelieu, 87 (ancien 97).

Paris, un an, 24 fr. — Départements et Belgique, 30 fr. — Étranger, 34 fr.

# REVUE
## ET
# GAZETTE MUSICALE
## DE PARIS.

11ᵉ ANNÉE.

www.ingramcontent.com/pod-product-compliance
Lightning Source LLC
Chambersburg PA
CBHW060717050426
42451CB00010B/1488